»Salon der Welt« – das bezeichnet die Einzigartigkeit dieser Stadt, über die schon alles gesagt und geschrieben scheint. Doch in Eva Demskis Portrait werden selbst Venedig-Kenner noch Neues entdecken. Dieses Buch ist Beschreibung und Liebeserklärung zugleich: In Geschichten, Erinnerungen und Phantasien begegnen wir Venedig-Bewohnern und Besuchern wie Peggy Guggenheim, der Duse, Sara Sullam, Joseph Brodsky, Thomas Mann, dem Kater Barnabé und anderen bekannten wie weniger bekannten »Venezianern«.

»Die leichtfüßige Eleganz des Stils und Eva Demskis oftmals überraschender und ungewöhnlicher Zugang zu einem Ort, gepaart mit Lebensklugheit und Weltoffenheit – das alles macht *Venedig – Salon der Welt* zum spannenden Reisebegleiter und bietet lustvolle Lektüre.«

Die Zeit

Eva Demski, geboren 1944 in Regensburg, lebt in Frankfurt am Main. Ihr literarisches Werk wurde vielfach ausgezeichnet, 2008 erhielt Eva Demski den Preis der Frankfurter Anthologie. Im insel taschenbuch liegen u. a. von ihr vor: *Rheingau* (it 4219), *Rund wie die Erde. Kulinarische Geschichten* (it 4163), *Gartengeschichten* (it 4003) und *Katzenbuch* (it 3654).

insel taschenbuch 4243

Eva Demski

Venedig

Eva Demski
Venedig
Salon der Welt

Achtzehn Stücke mit Begleitung

Insel Verlag

Originalausgabe: Schöffling & Co. Verlagsbuchhandlung GmbH,
Frankfurt am Main 1997.
Umschlagfoto: Peter Adams/Corbis

Erste Auflage 2013
insel taschenbuch 4243

Vertrieb durch den Suhrkamp Taschenbuch Verlag
Umschlaggestaltung: Michael Hagemann
Satz: Hümmer GmbH, Waldbüttelbrunn
Druck: CPI – Ebner & Spiegel, Ulm
Printed in Germany
ISBN 978-3-458- 35943-2

Inhalt

Mit Eleonora Duse

Visconti hatte es in Szene gesetzt, Canaletto und unsere Nachbarin Marie Schlöffel – sie besaß eine dieser beleuchteten Gondeln – lieferten Bilder, und Jacques Offenbach machte Musik dazu: Ich kannte Venedig schon genau, wie alle Leute. Es ist eine Stadt, in die man nicht fahren sollte, wenn man sie kennenlernen will, das geht von außen viel besser. Als Kind hat mich sehr beeindruckt – und mich noch dringender wünschen lassen, es möge mit dem Erwachsenwerden schneller gehen –, daß man mir immer wieder erzählte, ich selbst würde Venedig nicht mehr sehen können, denn es versänke, da könne man gar nichts machen. Und wenn bei Hochwasser die Donau alle Regensburger Altstadtgassen zu Kanälen gemacht hatte und die Leute mit Ruderbooten zum Brotholen fuhren, hieß es: wie in Venedig. Keiner wäre deshalb auf die Idee gekommen, wir versänken bis zu den Domspitzen.

Wenn du es siehst, sagte mein Vater, als ich ans Versinken schon lang nicht mehr glaubte und mich zu einer Reise für eine Duse-Geschichte auf den Weg machte, wenn du es siehst, wird etwas für immer anders in dir. Ich habe damals gelacht und kam mit Visconti, Canaletto und Offenbach. Marie Schlöffel ließ ich zugunsten von Patricia Highsmith weg.

Es war, glaube ich, Anfang Mai. Wie man sich Venedig nähert, ist eigentlich gleichgültig, aber die Fahrt mit dem Boot vom Flughafen aus hat den Vorteil, daß man viel Zeit hat, aus der Fassung zu geraten. Es sei silbern und gold, blei-, kupfer- und messingfarben, das Wasser, heißt es, und wenn mit Zinn und Nickel die Metallfarben so gut wie aufgebraucht sind, halten willig die Meerestiere her: schuppen-, austern- und muschelfarben sei es, weiß wie ein Fischbauch, perlmutt- und schneckenschimmernd.

Ja, so war es, so ist es, das Wasser, auf dem man sich der schönsten Stadt des Erdkreises nähert, von algenüberschleimten Pfahlbündeln begleitet, und christbaumkugelfarben ist es oder taubenflügel-, spinnweben- und maulbeerfarben.

An diesem ersten Tag war die Lagune, glaube ich, hellgrün, die Stadt lag, wie es sein muß, im Dunst und ließ nur allmählich so viel von sich sehen, wie ich aushalten konnte. Ich dachte etwas schuldbewußt an meine Eleonora Duse, auf deren Spuren ich mich zu setzen hatte, ihretwegen war ich schließlich gekommen, und ich merkte gar nicht, daß Visconti und Patricia Highsmith so spurlos aus meinem Kopf verschwunden waren wie Jacques Offenbach, und nur Marie Schlöffels beleuchtete Gondel fiel mir noch einmal ein, aber nur, weil sie mit den mächtigen schwarzen Totenschiffen, die da nebeneinanderlagen und nickten, nicht das geringste zu tun hatte. Wie Traumsärge schwankten sie, und ich sah die Schauspielerin vor mir, wie sie vor fast hundert Jahren über den Platz schritt, quer durch das große rechteckige Wohnzimmer der Welt mit seiner Salonmusik und seiner schwätzenden Besucherschar, und in so ein schwarzes, nachtschwarzes Boot einstieg, weil sie ihre große Liebe kennengelernt hatte und darüber nachdenken wollte.

Jetzt stehe ich hier, dachte ich, zum ersten Mal auf

dem San Marco, da sind die Löwen, da der Campanile, der Dogenpalast, die Basilika, die Tauben, die Steine. Alles ist da. Das Verrückte war, daß mir diese zu Tode zitierte und von Blicken jahrhundertelang abgeschabte Schönheit fast sofort als Normalität erschien, als das eigentlich geplante Bild der Welt. Alles andere war gegen sie grob und ausgedacht. In der Menschenmenge bewegten sich mit lässiger Anmut Betrüger und Wohltäter, Dumme und Gescheite, furchtbar schöne und furchtbar häßliche Menschen. Stars und Armselige. Beleuchtete und nahezu Unsichtbare. Lebende und Tote. Hier begannen alle, einander zu gleichen.

Eleonora Duse, die gefeierte Schauspielerin mit dem ungeschminkten Gesicht und den Todesaugen, die Duse, von der ich kein einziges Photo gefunden habe, auf dem sie lacht, mußte sich natürlich in diesen Chefpathetiker d'Annunzio verlieben, und natürlich ist sie auf ihren nächtlichen Gondelfahrten durch die Kanäle und unter den Brückenbuckeln hindurch überhaupt nicht zur Vernunft gekommen, ganz im Gegenteil. Vom Wasser in der Schwebe gehalten und von den Gondolieri – oder hatte sie immer denselben? Oh Gipfel, unausdenkbarer Gipfel der Berühmtheit! –, schweigend und ohne die alten Mauern zu berühren um die engen Ecken gestakt, hat sie wahrscheinlich den Entschluß gefaßt, ihre ganze tragische Größe und ihren Erfolg samt ausgestreuten Rosenblättern und vor die Kutsche gespannten Studenten zur höheren Ehre der poetischen Hervorbringungen des Herrn d'Annunzio in die Waagschale zu werfen.

Natürlich kann man in Venedig glücklich sein, das geht sogar sehr gut, gewiß: Aber fürs Glück ist das Bühnenbild nur am Rande wichtig, und seine Süße läßt sich in Turin oder Taormina samt deren Vororten genauso schmecken. In Venedig dagegen kann man wundervoll unglücklich sein, luxuriöser und kultivierter als irgendwo auf der Welt. Es kostet natürlich ein bißchen Geld, aber eine nächtliche Gondelfahrt allein – denn der Gondoliere wird nicht singen, sondern seine Rolle als Geist perfekt spielen – ist kaum zu übertreffen.

Ich denke, wenn der *Coup de foudre* damals bei ihr in Rom oder in Verona – beileibe keine schlechten Orte für dergleichen – stattgefunden hätte, wäre die Sache nicht so katastrophal abgelaufen. Eleonora hätte – sie war ja eine ganz handfeste Frau mit einer langen Erfahrung, schon als Vierjährige mußte sie auf der Bühne stehen – gespürt, daß der kleine angeberische Glatzkopf sie wie eine Honoratiorenwitwe ausnahm und sie mit mittelmäßigen Schauspielerinnen betrog. Sie wäre nicht blindlings mit ihrer wunderbaren Stimme in seine geschwätzigen Satzdraperien geraten, sie, die doch Shakespeare, Dumas und Ibsen spielte. Aber Venedig: Die Miasmen der Leidenschaft und der Lust auf märchenhaftes Unglück, die aus den Kanälen steigen, haben viele hundert Jahre lang die Vernunft von dieser Stadt ferngehalten. Noch heute fällt sie manch einem, der das gar nicht für möglich gehalten hätte, ins Wasser, und das ist vielleicht das allerschönste an dieser merkwürdigen, ungesunden Stelzenstadt.

Eleonora Duse war eine Unbehauste, ihre Familie, fahrendes Volk, stammte von der Insel Chioggia, die am weitesten von der Serenissima entfernt in der Lagune liegt. Fast zwei Stunden dauert die Fahrt dorthin, und es heißt, daß die Leute von Chioggia immer schon Unruhige gewesen seien, Streithanseln, Schauspieler oder Seefahrer – man hat da früher nicht so große Unterschiede gemacht, subventioniert war damals keiner dieser Berufe.

Chioggia ist ein Partikelchen, ein weggesprengtes, proletarisch-ungestümes Stückchen Venedig, das man in der Weite der Lagune nur ahnen kann. Ein nach Katzenpisse und faulen Muscheln stinkendes Gäßchen heißt Calle Duse, genannt angeblich nach ihrem Großvater, wer immer der war. Die große Tochter, eine Reisende wie ihre Landsleute, hatte aber doch eine Wohnung, im Palazzo Wolkow in Venedig. Wie alle Palazzi sieht man auch ihn als Teil einer Inszenierung, Schicht um Schicht tapeziert mit Erinnerungen und mit Ereignissen, an die sich keiner mehr erinnert.

1887 gibt die Duse ihre venezianische Wohnung auf. Drei Jahre später erscheint d'Annunzios Roman *Fuoco* (*Feuer*), eine überhitzte und indiskrete Schlüsselgeschichte über ihre fatale Leidenschaft. Die Duse leidet, aber sie adelt das Machwerk, denn sie hält es für große Kunst. »Ist nicht die eigentliche Stärke eines Gefühls, sogar die einzige Stärke vielleicht die, weder Maß noch Grenze zu kennen?« schreibt sie. Das kommt davon, wenn man allein vor Sonnenaufgang in einer schwarzen Gondel in Venedig unterwegs ist.

Mit Peggy Guggenheim

Immer wieder sind berühmte und unberühmte Menschen in Venedig hängengeblieben und haben versucht, einheimisch zu werden, was natürlich nicht geht. Statt dessen macht die Stadt sie listig zu Sehenswürdigkeiten, Circuspferde werden sie, Feuerschlucker und Kontorsionistinnen, und das alles, ohne es zu merken.

Am Canal Grande ist etwas wie die Scheibe eines Palazzos zu bewundern. Jeder Kunstfreund kennt das seltsam unfertige Gebäude, flach und ungewohnt anzusehen liegt es da wie ein kleiner Witz in der grandiosen Fassadenkette des Kanals. Eine berühmte Wahlvenezianerin hat hier gewohnt, die Amerikanerin Peggy Guggenheim. Natürlich wußte sie, daß sie der Stadt etwas schuldig war, und es ist ihr mit dem Museum, das sie ihrer großen Stadtliebe eingerichtet hat, ein wirklich passendes Geschenk gelungen.

Als sie 1949 das Palazzofragment kaufte, war Europa kriegsarm und grau, aber Venedigs Schönheit konnte das nichts anhaben. Der *Palazzo non compiuto*, der unvollendete Palast, gefiel ihr, weil sie in ihm ihre Spuren hinterlassen durfte, ohne daß die Denkmalsbehörde ihr dazwischenfuhrwerkte. Die europäische Armut machte der mit mehreren goldenen Löffeln im Mund geborenen Kunstversessenen überhaupt nichts aus. In ihren besten Zeiten hatte sie pro Tag mindestens ein Bild gekauft, und sie besaß einen scharfen, von modischem Schnickschnack ungetrübten Kunstverstand. Außerdem sorgte sie dafür, daß zeitweilige Liebhaber wie Max Ernst oder

Alexander Calder handfeste Zeugnisse ihres Genies hinterließen.

Venedig und die moderne Kunst, das ist eine andauernde Spannung, und jeder, der die Biennale in den *Giardini* ansieht, kennt den merkwürdigen Effekt, daß vorher hochgelobte Exponate von lautstark gepriesenen In-Künstlern in der venezianischen Luft und im Licht der Lagune ganz einfach unsichtbar werden, paff, weg sind sie. Und haben doch soviel Geld und Aufregung gekostet. In Peggy Guggenheims Fragmentpalazzo geschieht das Gegenteil: Ganz schlichte Dinge, blaue Glasobjekte etwa, kleine Mobiles und Gouachen, gewinnen im Löwenpalast der Familie Venier plötzlich einen ungeahnten Glanz.

Diese Familie hatte Mitte des achtzehnten Jahrhunderts mit dem Palast begonnen, dessen Wasserfrontseite achtzehn Löwen schmückten, und es heißt, sie hätten ausgewachsene Löwen im Garten gehalten. Die Geschichten über ihr Haus haben Peggy Guggenheim gefallen, sie aber nicht eingeschüchtert, denn es findet sich nicht leicht jemand, der so offen eingestandenen Spaß am Reichtum und an all den schönen Sachen hatte, die man mit Geld anstellen kann.

Von der Wasserseite aus begrüßt den verblüfften Gast ein Reiter von Marino Marini, er breitet enthusiastisch die Arme aus, und damit nicht der geringste Zweifel an seiner Freude und seinem Wohlbefinden entsteht, reckt er Besucherinnen, Besuchern und all den Tausenden zufällig vorbeifahrenden Menschen sein bestes Teil hübsch aufgerichtet entgegen. Der Präfekt von Venetien, der am Canale gegenüber residierte, hat sich provoziert gefühlt.

Peggy, die nicht nur am Geld eine ganz unverstellte Freude hatte, fand ihren *Engel der Zitadelle*, wie Marini sein Werk genannt hatte, im Profil am schönsten und linste nachmittagelang aus ihren Salonfenstern, um den Leuten beim Sich-Aufregen zuzuschauen.

Das Guggenheim mit seinen schönen Räumen und seinem leisen Duft von Melancholie, jenem Duft längst vergangener Lieben, ist ein Glücksfall, ein Ort, an dem das Museale niemals die Oberhand über das Private, die Spleens, die Flirts, die Abschiede, gewinnen wird. Der Palast atmet, und er beherbergt schließlich nicht nur Peggys Spirit, sondern auch die Geister der Veniers mit ihren Löwen und den der Marquesa Casati, die um das Jahr 1910 statt dessen Leoparden gehalten und sogenannte Diaghilev-Parties veranstaltet haben soll, was immer damit gemeint ist. Man darf der Phantasie sehr freien Lauf lassen. Ihr wiederum folgte die Viscountess Castlerosse, von der keinerlei Raubtierhaltung bekannt ist, die aber sechs Badezimmer und einen prachtvollen Marmorfußboden hinterließ. Sie muß auch in Stuck und Dekoration üppig investiert haben, was Peggy aber alles wieder rausreißen ließ. Von speziellen Parties der Viscountess ist nichts bekannt, da mögen aber die nachfolgenden Bewohner, erst Douglas Fairbanks jr., der Filmmogul, und dann nacheinander die deutsche, englische und amerikanische Besatzungsarmee das Ihre getan haben.

Mit überseeischer Unbekümmertheit hat sich der Palazzo also schon vor Peggys Machtübernahme anfreunden können. Der Garten, nun schon seit langem ohne exotische Tiere, gehört zu den größten und schönsten

Gärten Venedigs. Man kann ihm das, wie ihnen allen, von außen nicht ansehen. Es stehen uralte Bäume drin, und sie warfen ihren Schatten über die Werke Giacomettis und Jean Arps, Brancusis, Calders und Lipchitz'. Auch im Haus selber breiteten sich ihre Sammlungen aus, aus Waschküchen und Dienstbotenzimmern, Abstellkammern und Gästezimmern machte sie Galerieräume, die nie den Charakter des Privaten verloren.

Tancredi, den sie entdeckt hatte, lebte und arbeitete lang bei ihr, und das Haus war durchtost von Krächen und Szenen. Als er schließlich auszog, war sie nicht unglücklich, weil der Künstler die Neigung hatte, barfuß in Farbe zu tappen und so im ganzen Palast herumzuwandern.

Peggy Guggenheim schuf allmählich eine ganz besondere Mischung aus Salon und Galerie, Museum und Künstlertreffpunkt. Mit gelegentlichen Mißhelligkeiten ging sie sehr souverän um: »Wenn die Nonnen kamen, um sich vom Patriarchen, der an bestimmten Feiertagen in einem Motorboot an meinem Haus vorbeifuhr, segnen zu lassen, so nahm ich dem Reiter den Phallus ab und verbarg ihn in einer Lade. (Anm.: Marini hatte ihn in weiser Voraussicht zum Abschrauben herstellen lassen!) Das tat ich auch an manchen Tagen, wenn ich prüde Besucher zu empfangen hatte, aber gelegentlich vergaß ich es und geriet angesichts des Phallus in arge Verlegenheit. In solchen Fällen blieb nichts anderes übrig, als ihn zu ignorieren. Eine Legende begann in Venedig zu kursieren, daß ich mehrere Phallen von verschiedener Größe – sozusagen Ersatzteile – hätte, von denen ich zu verschiedenen Gelegenheiten Gebrauch machte.«

Sachte wurde sie älter, die große Liebende und unerbittliche Kunstfreundin. Tierlos hatte der große Garten nicht bleiben müssen, und unter einem Schild »My beloved babies« reihen sich an der Mauer die Gräblein ihrer kleinen Hunde aneinander. Die dort verzeichnete Lebensdauer der Hündchen läßt den Schluß zu, daß sie ziemlich lang gebraucht hat, bis sie die richtige Behandlung der Babies wußte. Erst in den letzten Jahren waren den Lieblingen angemessene Hundelebenszeiten vergönnt.

Ich habe Peggy Guggenheim noch auf ihrem Stühlchen im Garten sitzen sehen, im schrägen Licht, das durch die Bäume fiel, mit gemütlichen Puschen an den Füßen und weit, weit entfernt von den Tagen der Rosen. Über die Kunst in Venedig hatte sie sich immer despektierlicher geäußert, und die Biennale fand sie von Mal zu Mal erbärmlicher, nichts als nachgemachte Trends von vor zwanzig Jahren, pressemäßig aufgeplustert. Man hat ihr die Knurrigkeit ziemlich verübelt, denn nun, da sie der Stadt gehörte, da Venedig gnädig geruht hatte, ihr Geschenk und sie selbst anzunehmen, wollte man sie auch als Hymnensängerin haben. Da machte sie nicht mit. Sie hielt bescheiden und ein bißchen muffig hof, und ihr größtes Glück war, hinüber zum San Marco zu schauen und zu wissen, daß hinter ihr ihre wundervollen Pollocks hingen – endlich in der einzig richtigen Umgebung. Mit dem hatte sie es sich nicht leicht gemacht, er war eine zögernd begonnene und um so haltbarere Liebe.

Manchmal, wenn man in der Dämmerung zum *Palazzo Guggenheim* kommt und das rote Licht auf den frohen Reiter fällt, kann man durch die kleine Tür an der Schmalseite jemanden auf einem Gartenstuhl sitzen sehen, vorgeneigt und einen kleinen weißen Hund zu Füßen.

Mit Barnabé

Etwas ist geschehen, etwas Böses, aber niemand will es zugeben. Es gibt kaum mehr Katzen in Venedig. Eine Freundin, der trübseligen Aufgabe des Tierschutzes in Italien verschrieben, hatte es mir schon vor Monaten erzählt, aber ich glaubte ihr nicht. Ansichtskarten und Photobände sprachen dagegen: Katzen einzeln, Katzen in Gruppe, Katzen alt, Katzen niedlich. Und natürlich ganz und gar venezianisch, unbedroht, mit dem schlendernden Gang derjenigen, die keine Autos zu kennen brauchen.

An der Accademiabrücke hatten sie ein Hauptquartier, eigentlich darunter, in dieser Welt aus Bohlen und Stangen, die nur ihnen gehörte und in die man Opfergaben schob, denen sie sich eilig und gnädig näherten, Fisch und Bratenreste in Plastikschälchen, Pasta und gelegentlich auch Trockenfutter. Natürlich hat es Schreier, einheimische und fremde, gegeben, die Ratten fürchteten oder sonstige biblische Plagen, aber ihre Stimmen waren nicht allzu laut, denn Venedig hat ein entspannteres Verhältnis zu Plagen als andere Städte und ist von der Mordlust der Ordnungsliebe eigentlich weit entfernt. Am Tag lagen sie auf der Brücke und den Steinabsätzen, bunt wie das Leben und in jener anregenden Faulheit, die das Wesen der Katzen ist und in diese Stadt so gut paßte.

In der Dämmerung kamen aus den umliegenden Vierteln noch andere dazu, wehrhafte Kater mit lauten Stimmen, magere, nervöse Mütter mit ihren Kindern, die sie erst auszuführen wagten, wenn sie die Augen geöffnet hatten.

Es war wie überall an Orten, die sich Tiere erobert haben und wo man sich auf den Schutz durch Sentimentalität verlassen kann – oder das glaubt. Immerhin hat da der Tourismus sein Gutes, auch wenn politisch korrekte und eisern multikulturell gesonnene Reisende nicht begrüßen, daß die jungen Katzen nicht mehr vor aller Augen an die Wand geschmettert werden oder man sich damit amüsiert, den Tauben die Füße wegzuschießen. Ich bedaure den Verlust an diesbezüglichem Lokalkolorit rings ums Mittelmeer nicht – es reicht schon noch, was übrig ist. Aber Venedig! Die Katzen gehörten dazu, waren gleichsam im Dienst der Stadt, auch wenn eine Katze das nicht so sieht. Nie hätte ich geglaubt, daß man ihnen etwas tun würde. Und es ist ein wohlgehütetes Geheimnis, was da passiert ist!

Als sei eine besonders anmutige Bevölkerungsgruppe plötzlich verschwunden, schaut man sehnsüchtig auf die verwaisten Plätze, und wenn doch noch eine vorbeischnürt, erweist man ihr übertriebene Avancen. Was haben sie mit ihnen gemacht? Welcher Fremde hat das entschieden, und wer waren seine Handlanger?

Früher konnte man nachts an der Accademia das seltene und magische Schauspiel des Großen Ratschlags erleben. Er ist von wenigen Menschen gesehen worden, der vollkommen abgezirkelte Kreis der Katzen, die ganz ruhig mit zueinandergewandten Köpfen saßen, unbeweglich, und nach einer Zeit, die zu messen keinem menschlichen Beobachter eingefallen ist, erhoben sie sich alle auf einmal und gingen ihrer Wege. Das Phänomen des

Großen Ratschlags gibt es nicht nur in Venedig, aber begünstigt durch die Verrücktheit dieser Stadt, konnte man ihn hier öfter beobachten als anderswo.

Offenbar hat die grausamste und gründlichste Vertreibung, wenn nicht Schlimmeres, im Zentrum stattgefunden, eben an der Accademia, und manche behaupten, man habe damals die Renovierungsarbeiten an der Brükke als finsteren Vorwand genommen. Ich erinnere mich aber, daß ich zur Zeit der Brückenschließung viele völlig unbeeindruckte Katzen gesehen habe, die wie seit alters her am Canal Grande ihren Geschäften nachgingen. Das Verbrechen muß später verübt worden sein. In den verschwiegeneren Vierteln scheint es nicht so schlimm gewesen zu sein, Barnabé, der König des Ghettos jedenfalls, hat alles überstanden. Er liegt immer noch auf seinem Thron, der Bronzeplatte, die wie überall in Venedig das Brunnenbecken verschließt, und läßt seine großen grauen Pfoten vorne und hinten herunterhängen. Ausgestreckt ist er über einen Meter lang, von aristokratischem Grau, und man erkennt in seinem Blick das Wissen, daß ich über ihn schreibe, wie schon so oft.

Was weiß er über die böse Tat an seinen Mitkatzen? Eigenartigerweise ist die uralte Katzenstadt Venedig in den letzten Jahren von Hündchen bevölkert worden, offenbar stammen sie alle von den gleichen Ahnen ab, eine mopartige, teils schwarze, teils weiße Spezies aus der Familie der Traghunde, was heißen soll, daß sie meist nicht auf ihren eigenen Beinen laufen, sondern von ihren Besitzerinnen getragen werden, und nur um ihre winzigen, spitzenartigen Ausscheidungen loszuwerden, dürfen sie ein paar Schritte durch Venedigs enge Gassen laufen. Es ist ein trauriger, mitleiderregender Anblick, zumal auch die Herrinnen meist in Pelz gehüllt sind und wie bedrohliche Oberhunde aussehen, besonders die kleinen Dikken.

Wenn eine der selten gewordenen Katzen auf so ein Hündchen trifft, würdigt sie es keines Blickes, genausowenig wie sie den gefangenen Kanaris oder den Tauben Aufmerksamkeit gönnt.

Es hat sich etwas geändert in der angeblich unveränderlichen Stadt. Natürlich ist jetzt die Aufmerksamkeit der Besucherin geschärft, erst wenn etwas fehlt, spürt man, wie kostbar es einem gewesen ist. Wieso sitzen kaum mehr Katzen auf den hohen Mauern, die Venedigs verschwiegenste Paradiese, die Gärten, schützen? Aus den tiefen Fensterwölbungen schauen nur noch selten Katzenaugen, und vor allem die öffentlichen Plätze sind von trauriger Leere. Vermißt sie keiner? Wenn ich nach ihnen frage, wird so getan, als sei meine Frage in einer völlig unbekannten Sprache gestellt – die Katzen? Welche Katzen? Die sind doch da, sehen Sie, da läuft eine! Das lautlose Verschwinden eines Teils der venezianischen Urbevölkerung hat etwas sehr Unheimliches. Hat man vergessen, daß die Katzen es waren, die Venedig vor der Ratten- und Mäuseplage gerettet haben? Und daß der Heilige Markus mit einer Großkatze zusammen ist und nicht mit einem Hund? Es wäre ja gegen die armen Hündchen nichts zu sagen, jedes Tier soll frei und glücklich leben – wenn nicht Verrat an denen mit den älteren Rechten geübt worden wäre, finsterer Verrat.

Nach ein paar Tagen fällt mir auf – ich begrüße inzwischen jede Katze ausführlich –, daß sie fast alle Halsbänder tragen, auch Barnabé hatte so ein lächerliches und würdeloses Ding um. Ein König mit Halsband! Offenbar ist das Symbol bürgerlicher Gefangenschaft ein Überlebenszeichen, der Beweis für die Zugehörigkeit zu den Ordentlichen, gesellschaftlich Nützlichen. Mir wird immer banger, aber die Verschwörung des Schweigens ist perfekt und lückenlos. Dennoch, auch dafür ist die Stadt keine schlechte Zeugin, glaube ich fest an die Kraft der Anarchie. Und es erscheinen dem geschärften und trauernden Blick unübersehbare Zeichen. Eine halsbandlose Weiße, die im Schutz von zehn Dutzend Japanerbeinen den Rialto gemächlich überquert, zum Beispiel. Mir scheint, ich sehe Scham in den Blicken der Händler rechts und links auf der Brücke, eine übertriebene Art Freundlichkeit, ein bißchen zuviel »ist sie nicht niedlich« und was dergleichen Heucheleien mehr sind. Auch Barnabés Hofstaat, den ich schon verloren glaubte, ist wieder aufgetaucht, ein wenig reduziert vielleicht, aber munter im Ghetto umherschweifend, der Gefleckte sitzt wieder Wache vor der Griechischen Synagoge, wie früher.

So einfach ist es nicht, dieses zähe und kluge Leben aus der Stadt zu verbannen, auch wenn irgendwelche Idioten glauben, das Gesetz für ihre lausigen Ordnungsvorstellungen in die Hand nehmen zu können. Und die bepelzten Frauen mit den Tragehündchen werden nicht die Oberhand gewinnen zur Freude von allem Getier, das lichtscheu an den Fundamenten nagt! Denn den Katzen gehört ihr Teil der Stadt, und wenn die Hündchen nachts in ihren langweiligen Körben schlafen, werden die übriggebliebenen Katzen ihre Stadt zurückerobern, so, wie sie es immer und überall taten, trotz Verfolgung und Mord: mit der Kraft der Liebe und der Fruchtbarkeit. Noch sind nur vereinzelt die schönen, musikalischen Schreie zu hören, von denen früher die Märznächte durchtönt waren – aber die werden wieder mehr werden, da bin ich ganz sicher. Die bösen Taten dürfen nicht ungerächt bleiben, ihre Folgen aber sollen unsichtbar werden, durch List und Beharrlichkeit, wie sie nur den Katzen eigen ist.

Mit Lord Byron

Mit ihm hatte Venedig einen richtigen Hauptdarsteller gefunden. Er wußte die schöne Bühne auszunutzen und zu bespielen, nicht in seiner Literatur schlägt sich das nieder, die ist für heutige Augen ein wenig umständlich und artig, sondern in seinem Leben. Zwischen 1816 und 1820 ist er oft in Venedig gewesen und tat das, was diese Stadt nahelegt: Er machte Liebesgeschichten. In einem etwas ruppigen Brief schreibt er, daß er vom Lido zum Canal Grande geschwommen sei – schon das eine respektable Leistung, die aber noch beeindruckender wird, wenn man liest, daß er sowohl vor als auch nach dem Schwimmen eine Dame glücklich gemacht habe, allerdings nicht dieselbe.

Ich kann es mir schon vorstellen: Natürlich konnte so ein Gewächs wie er in England entstehen, vielleicht sogar nur dort – aber wie viele dieser britischen Männerblüten kam auch er erst im Ausland, also im romantischen Wahnsinn Venedigs, wirklich zum Blühen. Man hat ihn als Erfinder der Verfallspoesie über Venedig ausfindig gemacht, und wir müssen uns, wollen wir dem folgen, einen endlosen Zug bleicher Dichter vorstellen, die, von dem charmanten Hinkefuß Lord Byron angeführt, schreibend durch die zerbröselnden Gassen schleichen. Aber eigentlich entsteht ein ganz anderes Bild, wenn wir seine Briefe lesen und das amouröse Durcheinander liebevoll zur Kenntnis nehmen, das er in Venedigs ebenso bröselnden Salons anzurichten imstande war. Er wußte, anders als seine Exegeten, daß eine Portion schönsten Verfalls der allerbeste Liebeshintergrund ist, den man sich vorstellen kann. Das ganze wird dadurch begünstigt, daß in der Lagune ordentliche Unwetter dafür sorgten, die Szenerie in Bewegung zu halten. Es war alles an Farben da, und so konnte zum Beispiel die Geschichte mit der Bäckersfrau Margarita Cogni und ihm ihren in ganz Europa beachteten Lauf nehmen.

»In den ... zwei Jahren, in deren Verlauf ich mehr Frauen hatte, als ich zählen oder erzählen kann, war sie die einzige, die einen Einfluß auf mich besaß und ihn bewahrte ...« Er nennt sie die sanfte Tigerin! Und man selber steht an der Riva degli Schiavoni, sieht auf die tausend Büdchen und Gondeln, auf die eigenen Zeitgenossen, die so brav und bieder aussehen, so brav und bieder wie man selbst – ach!

Byron war damals knapp dreißig, und schon die Mode seiner Zeit regt angenehme Bilder eines durch die aufgewühlte Lagune rudernden, vom strömenden Regen und Sturm gebeutelten und dennoch sieghaften Liebhabers an: enge Kniehosen, offenes Hemd, weite Ärmel, lange Haare und dann noch dieses erotische Hinken! Mit Benetton kann man sich dies einfach nicht vorstellen.

In den gut drei Jahren, in denen Byron sich in Venedig aufhielt, heroisierte er die Stadt in seiner Dichtung, er betonte die Melancholie und die Versunkenheit ihrer Größe. Indessen verließ die sanfte Tigerin ihren Mann, den Bäcker, und stand vor der Tür des unermüdlichen Lords, was diesem gar nicht recht war. »Da es schon Mitternacht war, ließ ich sie bleiben, und am nächsten Tag brachte ich sie nicht mehr hinaus.« Man kann sich denken, was die Bäckersfrau, die im übrigen natürlich ungeheuer schön gewesen sein muß, so sehr in der Nähe des Lords hielt.

Venedig war die Stadt der Liebe. Ein Labyrinth, in dem einem das geliebte Objekt wie unter Zwang immer wieder begegnet, ein Versteck, ein von allen Insignien befreites Königreich. »Ich bin schon zu lange mit Ruinen vertraut, um Mißfallen an Zerstörung zu finden. Außerdem bin ich der Liebe verfallen.« Da bringt er die beiden Dinge zusammen, die so nahe liegen. Das Memento mori in seiner schönsten Form begünstigt die Liebe in ihrer verrücktesten. Dauernd aufgeregt! Anstrengend ist das schon, aber auch neiderregend.

In einem der Palazzi Mocenigo hat Byron seine venezianische Geschichte *Beppo* geschrieben, wo es im fünfzehnten Vers heißt: »Ich sah, daß Bildern gleich von Giorgone / Venedigs Frauen seien – wahrlich, ja! / Besonders, wenn erblickt sie vom Balkone – / Schönheit gewinnt oft, wenn sie nicht zu nah / Und wie so manche Heldin von Goldoni / Schaun durch die Jalousie hervor sie da; / Und schön sind sie! Wie soll ich es verschweigen? / Nur schade, daß sie gar zu gern es zeigen! /« Natürlich muß man in Rechnung stellen, daß Alexander Neidhardts wundersam gereimte Übersetzung auch ein bißchen Teil hat an der Komik, die aus dem Gedicht klingt. *Beppo* spielt im und mit dem venezianischen Karneval, dem wir auf mannigfache Weise begegnen und der noch in seinen kommerzialisierten Formen ein Stückchen von seinem Reiz bewahren konnte. Napoleon, der die Anarchie verachtete und fürchtete, hatte ihn verboten. Am Ponte dei Barcaroli (sic!) o del Couridoro – was für wundervolle Namen – sehe ich auf einer Tafel, daß im Jahr 1771 Mozart in jenem hübschen rosa Haus den Karneval verbracht hat. Und jetzt stehen überall auf den Gassen lebensgroße Puppen im Kostüm der Pestärzte, mit schwarzen Spitzenpelerinen, Dreispitz und weißen Gesichtsmasken. Auch sie, die Masken, waren und sind unverändert. Mozart hat sie so gesehen, Byron und wir. Der exzentrische Adlige, der schon mit acht Jahren Chef seines Hauses wurde, der seine Behinderung mit fanatischer Sportlichkeit kompensierte, der von seiner unfähigen Mutter zu seinem Glück in die Hände fähiger Lehrer geriet und der als ebenso warmherzig wie eigenbrötlerisch galt, war in Venedig ein gesellschaftlicher Erfolg. Byron war poetisch begabt und nicht blutleer, er hatte in Schottland seinen Blick für Landschaft und Schönheit geschult, was ihn nicht daran hinderte, leidenschaftlich für die Rechte der Arbeiter einzutreten, was man einem Mitglied des englischen Oberhauses aber bei allem Verständnis für Exzentrizität nicht leicht verzieh. Sein Reisebuch vom Junker Harold, in dem er Wanderungen durch Portugal, Spanien, Armenien, Griechenland und die Türkei verarbeitete, war ein sensationeller Erfolg – in einer späteren Fortsetzung führt er seinen Protagonisten auch in das liebestrunkene verfallene Venedig. Davor hatte er sich auf eine schreckliche und demütigende Ehe eingelassen. Und die Serenissima wurde für ihn wie für so viele zum Fluchtort.

Wir haben die schöne Bäckersfrau nicht aus den Augen verloren und die stürmischen Nächte an der Lagune. Es ist heutigentags schwer vorstellbar, wenn man den gemächlichen und unablässigen Wasserverkehr beobachtet, daß das Fortkommen in Venedig früher oft gefährlich oder zumindest unberechenbar war. Eine Stadt, die das feindliche Element Wasser nicht mit Deichen und Mauern abwehrt, sondern es ganz in sich einläßt, lernt mit dessen Gefahren zu leben – und die waren im neunzehnten Jahrhundert noch deutlicher als heute.

»Hüte weggeblasen, Boot voller Wasser, Ruder verloren, Meer aufgewühlt, Donner ... da fand ich sie auf den offenen Stufen des Mocenigo-Palastes, am Canal Grande, ihre großen, schwarzen Augen warfen Blitze durch die Tränen hindurch, und das lange, dunkle Haar hing ihr vom Regen durchnäßt über Stirn und Brust.« Die wunderbare Opernszene hinderte den Lord nicht daran, die hartnäckige Geliebte aus dem Palast zu werfen, was diese bewog, in den Kanal zu springen. Anstatt ein Handtuch, holte Byron einen Arzt, der zum vorläufigen Bleiben riet – und alles ging von vorn los, was zwar überall so ist, aber Venedig mit seiner Choreographie der Wiederbegegnungen ist geradezu prädestiniert dafür.

Wir sehen allmählich, daß hier der Karneval etwas anderes ist, mehr eine Façon d'être als ein endliches Fest. Damals gab es auch noch Salons, in denen die Lebensmaskerade und die Reigen der Leidenschaften gepflegt wurden, zum Beispiel jenen der Isabella Albrizzi im Palazzo Albrizzi, in dem unter vielen Größen auch Madame de Staël und der Bildhauer Canova verkehrten. Obwohl sie viel älter war als Byron, scheint auch sie zu seinen »Unzähligen« gehört zu haben.

Indessen kehrte irgendwann die Bäckersfrau zu ihrem Bäcker zurück, und Byron fand mit sechsunddreißig Jahren den Tod im griechischen Freiheitskampf, nicht einer Kugel, sondern einer Lungenentzündung erlegen. Seine Bücher wurden geliebt, sein Heimatland ehrte ihn, und wir denken an den großen Liebhaber in der alten Stadt: »Die Zeit entschwand, doch Schönheit weilt noch hier – / Kunst bleicht, Macht sinkt, und die Natur nur währt; / Doch von Venedig laß erzählen dir, / Wie hier in tausend Festen einst verklärt, / Die Lust Italiens, ja, der Erde eingekehrt.«

Mit Uli Spiegel

Es gibt Tage in Venedig, an denen hat man genug von der schönen Stadt und den Leuten, die sich so dreist in ihr bewegen, als gehöre sie ihnen. Das macht leidenschaftliche Fremde eifersüchtig: Wie die Stadt immer neu überantwortet wird, den Cinéasten oder den bildenden Künstlern, den Japanern, den Europapolitikern oder Horden von hoher Admiralität. Immer steht man dann vormittags vor den vertrauten Plätzen, den Halte- und Sammelpunkten der eigenen höchstpersönlichen Rundgänge, und da sind dann schon ganz andere, unser Tisch ist nicht frei, auf den man doch ein Anrecht hat. Spiegel, mein Freund, haßt das noch mehr als ich, vielleicht weil er sich diese Stadt erdient hat wie kaum ein anderer, in geduldiger, unaufdringlicher Liebe.

Was ist an solchen Tagen zu tun? Oder an Tagen, die einem plötzlich die ganze Schönheit verleiden, das Trügerische des Wassers und die vielen akustischen Verführungen erzeugen unversehens eine Traurigkeit oder einen Dégoût, der Schleier des Glücks reißt plötzlich auf, man sieht die Verlassenheit der schönen Häuser und wird empfänglich für die monumentale Unverschämtheit der Kellner, die sich nicht einmal schminkt, sondern mit martialischer Bedingungslosigkeit daherkommt. Eine Gemüsesuppe vierundzwanzigtausend Lire – das klingt nicht nur viel, das ist auch viel. Wenn Sie sich das nicht leisten können, dann bleiben Sie doch zu Hause, sagt der grimmige Blick des Kellners, und sein Schnurrbart ist streng und starr gesenkt. Streng und starr und völlig bewegungslos sieht er zu, wie uns die vorher so geläufigen italienischen Wörter aus dem Mund tröpfeln, sich verheddern und schließlich versickern, und er versteht nicht eins von ihnen, nicht einmal Spaghetti oder sowas. Ja, es gibt solche Tage. Wenn es Sommer ist, wacht man vom faulen Atem der Stadt auf, und Spiegel sagt einen halben Tag lang, es sei nichts, nur Algenblüte, etwas ganz Natürliches – er murrt auch zum erstenmal bei dem triumphierenden Wort, zwölftausend Lire, wenn man doch nur einen Espresso hatte.

Wenn eine Stadt soviel blinde Liebe hervorruft – jene Blindheit der Augäpfel alter Götterstatuen im Museo Archeologico! –, muß man mit Momenten der Ärgerlichkeit rechnen. Das weiß jeder, und jeder hat sein Gegenprogramm, schlafen, das Verfassen von Pamphleten, spazierengehen in den Giardini, ein Essen bei *Montin* oder Vaporettofahren, dorthin, wo keiner hingeht und ganz einfach nur Leute wohnen. Das ist in Venedig sehr leicht. Man fährt am besten zur Piazzale Roma, an den Bahnhof, aber man sollte die Strecke am Hafen vorbei nehmen und zuschauen, wie die Schiffe ihren Ring von Arbeit und Geschäft um Venedig legen, die großen Containerschiffe und die nach Fernsehen und insofern unseriös aussehenden weißen Schiffe der verschiedenen Traumurlaubsreedereien. Es ist laut im Hafen, manchmal liegen Kriegsschiffe da, und es ist überhaupt nicht romantisch. Genausowenig ist es das am Bahnhof, irgendwo ist immer eine Baustelle, die Leute schauen verbittert auf ihre Koffer, und man sieht, daß sich die Angekommenen fragen, wie sie das schaffen sollen, in dieser verdammten Stadt mit den unbezahlbaren Taxis, und die Abfahrenden fragen sich, wie sie es ohne Zusammenbruch hierhergeschleppt haben. Es ist eine erholsam unfestliche Atmosphäre um diesen Bahnhof.

»Um ihren Weggang aus der Bahnhofshalle noch ein wenig hinauszuschieben, betrachtete Franziska die Andenken-Schaufenster, die mit Gondeln in allen Preislagen, unglaublich kitschigen Murano-Gläsern, Farbdrukken, Puppen von grauenerregender süßer Häßlichkeit, Seidentüchern, auf denen der Dogenpalast abgebildet war, und Bildern von der Taubenfütterung angefüllt waren, es ist idiotisch gewesen, nach Venedig zu fahren, jeder andere Ort wäre richtiger gewesen als ausgerechnet dieses verkitschte Sightseeing-Zentrum, in dem es nichts gibt außer Touristen und Nepp; dann riß sie sich los und verließ den Bahnhof.« So schreibt es Andersch in der *Roten*, und ach, er zeigt das Venedig-Elend der Intellektuellen. Sie fallen auf ihre eigene Angst herein, sagt Spiegel, das ist mir am Anfang auch so gegangen. Er ist ein Photograph, der sich Jahrzehnte Stück für Stück von den Totalen in die Details bewegt hat, immer kleinere Einzelheiten, die einzig mögliche Rettung, um nicht bilderlos zu werden. Die Intellektuellenrettung bestand aus den strengen, gleichsam calvinistischen Blicken aufs Vulgäre, auf den Kitsch. Man erhob die Blicke nicht über den oberen Rand der Schaufenster und war sich in der Kulturkritik sicher. Erst nach langen Zeiten der Läuterung wird man demütig dankbar für den Radau und die bedruckten Seidentücher, sogar – nach ausgedehnter Lehrzeit – für Muranogläsernes.

Wir gehen, die Kamera sichtbar vor dem Bauch, Richtung Gefängnis und schauen in Gassen und Fenster. Es ist ein proletarisches oder kleinbürgerliches Viertel, aber diese Bezeichnungen, sagt Spiegel, sind auch schon wieder sehr blöde, weil sie etwas vorgeben, das nicht da ist: Kenntnis. In einer älteren Beschreibung von Venedig habe ich gelesen, daß in diesem Teil der Stadt Künstler gewohnt hätten und Menschen, die anderweitig erfolglos waren, wie zum Bespiel Adlige, die alles verloren haben.

Mit einer schönen Gelassenheit wird da das Scheitern vorausgesetzt, aber man merkt es den Häusern nicht an, daß sie Endstationen sein sollen – nirgendwo, zum Beispiel, sagt der Photograph Spiegel, kann man die Verschiedenheit des venezianischen Rot besser sehen als hier, nicht einmal an der Wasserseite von Murano, wo doch fast der ganze rote Farbkasten sich ausbreitet.

Das venezianische Rot! Es ist eine Erd- und Fleischfarbe, von der Dunkelheit lang trockenen Bluts bis zu der Farbe, die entsteht, wenn man Kalbsbries in Milch einlegt, auch die Farbe der venezianischen Leber ist dabei und ein Hautrosa. Weil man bei notwendigen Ausbesserungen den jeweiligen Farbton niemals trifft, sehen hier die Häuser oft aus, als ströme ihnen Blut aus einer Seitenwunde. Das wirkt aber überhaupt nicht bedrohlich, sondern sehr lebendig.

Das Gefängnis allerdings ist gelb, kein kaiserliches, sondern ein graues Gelb, und es wird umweht von Brot- und Käsedüften, denn das Leben ist ganz nah an seinen Mauern. Spiegel macht unwillig ein Bild: Damit du glaubst, daß es hier ein Gefängnis gibt und nicht nur die Geschichten von den Bleikammern.

Zwei kleine Buben schlendern vorbei und reden, indem sie immer wieder hinüber zu den Mauern schauen, sie sperren uns aus mit ihrem Dialekt. Irgend jemand sitzt da drin, der verehrt und eifrig besprochen wird: der Papa? Ein älterer Bruder? Man kann sich nur kleine, gemächliche Delikte vorstellen, aber das ist sicher falsch.

In der Weinhandlung an der nächsten Ecke gibt es offenen Weißen, dreitausend Lire der Liter, der erste einigermaßen menschliche Preis, den ich diesmal sehe. Für zehntausend ein Mittagessen. Kleine Handwerksbetriebe, sorgsam eingezäunte, schüttere Bäumchen und rauchende Großmütter. Wie weit ist die Serenissima weg, gottseidank! Sogar eine venezianische Variante von Gartenzwergen findet sich in einem kleinen Hof, das Schneewittchen gleicht Gina Lollobrigida in jungen Jahren. Spiegel freut sich, sie photographiert er gern.

Nicht weit davon gibt es eine Kirche der Verurteilten. Ist dies das richtige Venedig, mit den Mietskasernen und den Wäschefahnen, die über der Straße wehen, mit den geschminkten alten Frauen und den kleinen Plastikbars? Man habe, heißt es in der Jahrhundertwendebeschreibung Venedigs, in diesem Viertel immer eine Wohnung finden können. In den Immobilienbüros werden keine in dieser Gegend angeboten, nur luxussanierte in der Nähe des Canal Grande oder bei Santa Maria Formosa. Dennoch: Hier ist etwas, das einen aufnimmt und nichts von einem verlangt, keine besondere Haltung, keine Verehrung, keine Schüchternheit und keine Großtuerei. Man ist nicht auf einer Bühne, wie sonst, man ist dahinter. Da bleibt man wider alles Erwarten auch, wenn man zum Abendessen in die alte *Locanda Montin* geht. Spiegels Lieblingskneipe, denn die berühmtesten Leute sehen völlig unberühmt aus, es gibt die geliebte Pasta mit Fagioli, ein etwas heftiges und nicht sommerliches Essen. Das Lokal ist mit Bildern und Erinnerungen tapeziert, der lange, von üppigen Kletterpflanzen beschattete Garten ist einer der schönsten Orte in Venedig an Sommerabenden. Es ist bezahlbar, und die Kellner sind von jener sachlichen Fixigkeit, die man aus heimatlichen Biergärten kennt. Hier ist man nicht fremd! Nach dem dritten oder vierten Mal jedenfalls lassen sie einem gutmütig dieses dankbare Gefühl. Fall nicht drauf rein, sagt Spiegel, und zeigt mir den Mond, der ohne das leiseste Zittern im Kanal am Fondamenta di Borgo liegt. Das Wasser bewegt sich nicht. Es spiegelt nur den Mond und die Lampe von *Montin*.

Mit Sara Copia Sullam

Immer muß ich aufs neue den Eingang zum Ghetto von Venedig suchen. Es ist, als ob sich das Viertel verberge oder als ob wie im Märchen Mauern sich fugenlos hinter den Besuchern schlössen. Die Haltestelle des Vaporetto zeigt es an, aber da ist man noch nicht drin, und die friedliche kleinbürgerliche Kulisse verrät ihre Geschichte nicht.

Wir sind im Ghetto Novissimo, dem zuletzt gebauten Teil; man irre sich deshalb aber nicht! Der neue Teil heißt Ghetto Veccio und der älteste Ghetto Nuovo. Es war dieser unauffällige, stille Ort das erste Ghetto der Erde, 1516 installiert, nicht aus besonders freundlichen oder fürsorglichen Gründen, aber sternenweit entfernt von der barbarischen Willkür, die wir in unserem Jahrhundert mit dem Namen Ghetto verbinden. Heute ist das venezianische Ghetto einer der stillsten Orte in der ganzen Stadt, die an schweigsamen und stehengebliebenen Plätzen wahrlich keinen Mangel hat. Die Häuser des Ghetto Novissimo sind höher als sonst die Häuser in Venedig, aber sie haben niedrigere Stockwerke. Wie eine Kostbarkeit liegen davor Gärtchen von der Größe eines Bettlakens, höchstens, mit Blumen und Gemüseeckchen und kleinen Steinstatuen geschmückt. Ein Fetzchen Boden für die Juden, zu denen Venedig eine ebenso heuchlerische und doppelzüngige Beziehung hatte, wie man das aus ganz Europa kennt.

Wenn Geld gebraucht wurde – und der aufblühende Handel verlangte danach –, waren sie gefragt, man bediente sich ihrer Weltläufigkeit und Geschicklichkeit. Als die christlichen Banken im 14. Jahrhundert zusammenbrachen, hatte man in den Juden Nothelfer und Sündenböcke in einem, das bewährte sich im gut christkatholischen »Kapitalismus« aufs schönste.

Die Seestadt Venedig mit ihren vielfältigen Verbindungen beherrschte den wirtschaftlichen Erfolgskurs samt seiner gewaltigen Verlogenheit. So sperrte man per Dekret vom 29. März 1516 die Juden, »damit sie nicht die ganze Nacht herumgehen«, ins Ghetto bei San Girolamo. Man sperrte sie zwar ein, aber man sperrte die mannigfaltigen Kulturen, die sich eben wegen dieser relativen Toleranz aus Spanien und Deutschland, der Levante und dem übrigen Europa hier trafen und sammelten, nicht aus. So entstand auf dem engen Raum mit den aneinandergedrängten Häusern eine einzigartige Vielfalt von Wissenschaft, Kunst und Handwerk.

In dieser Atmosphäre wuchs eine ganz besondere Frau auf, Sara Copia Sullam, Dichterin, Philosophin, Theologin und eine angebetete Gesprächs- und Briefpartnerin nicht nur für ihre jüdischen Glaubensgenossen. Sie war das einzige Kind eines sehr gebildeten Juden, Simon, und wurde am Ende des kulturell reichen 16. Jahrhunderts geboren. Man las damals Petrarca, Dante, Boccaccio und Guido, nicht nur die Bibel. Die Musik in den jüdischen Schulen war so schön, daß man sie wegen des Zulaufs der christlichen Jugend bei Gefängnisstrafe kurzerhand verbot.

Sara lernte alles, was sonst den Söhnen vorbehalten war, und hatte, schreiben die Quellen aus dem 19. Jahrhundert, einen untadeligen Lebenswandel. Was immer das auch heißen mag: Alle rühmten ihre blonde Schönheit, und ihre Fähigkeiten, auch Andersgläubigen den Kopf zu verdrehen, müssen beachtlich gewesen sein. Im Ghetto lebten über 5000 Menschen, eng, aber auch prachtvoll, geistliches Oberhaupt war der Rabbiner Leon da Modena, der von seinem dritten Lebensjahr an in der Synagoge lehrte und mit 77 Jahren starb.

Es ist immer schwer, ein graues und vergessenes Viertel wie das Ghetto von Venedig wenigstens in der Phantasie mit den bunten Schatten zu füllen. In unserer Zeit ist auch kaum noch vorstellbar, welche Funken des Geistes immer wieder durch die Reibungshitze der Verbote und Bedrängnisse entstanden. Man geht durch die stillen Gäßchen und schaut auf die verdorrten Kränze mit den Glaskugeln, die an das Schicksal der Deportierten und Ermordeten erinnern. Ein Rahmenmacher fegt seine Werkstatt aus, der Andenkenladen mit den winzigen Rabbinerchen aus Muranoglas und den Sabbatleuchtern aus Goldblech ist auch noch da. Ob noch jüdische Familien im Ghetto wohnen, ist nicht leicht zu klären, wenn, dann höchstens zwei oder drei. Die wunderbaren Synagogen sind trotzdem nicht alle zu Museen geworden, zwei von den fünfen tun noch ihren Dienst – im Sommer die Spanische, von sephardischen Juden gebaut, die nicht geheizt werden kann, und im Winter benutzt man am Sabbat, zu Hochzeiten und Bar Mizwahs die von den griechischen Juden erbaute, heizbare Levantinische Synagoge. Wie festlich und volkreich muß ein Sabbatabend damals gewesen sein! Die Gläubigen strömten und stiegen empor zu diesen Synagogen, die als einzige in der Judenheit oben in den Häusern eingerichtet sind, von fast höfischer Pracht, und, wie man hier sagt, »in der Höhe näher bei Gott«.

Manchmal feiern reiche amerikanische Juden im stillen Ghetto eine Hochzeit, dann kommt ein bißchen Glanz zurück in das sanfte, erschöpfte Grau dieses Ortes. Es ist gewiß ein anderer als in den Zeiten der Sara Sullam. Ihn kann man nur noch in den Synagogen finden, die sich in den Häusern so geschickt verstecken wie das Ghetto in der Stadt. Die prächtigste ist, warum auch immer, die Deutsche mit ihrem wahnwitzig schiefen Marmorboden, der für das Gebäude viel zu schwer ist und den Besuchern ein eigenartig betrunkenes Gefühl vermittelt. An der Stirnseite steht das Heiligtum, nicht wie üblich in der Mitte, weil es sonst wohl davongerutscht wäre.

In der Levantinischen Synagoge haben die der Kabbala, der Zahlenmystik, ergebenen griechischen Juden die Zehn Gebote mit zehn großen koscheren Kerzen symbolisiert, und in der *Scola Canton* gleichen die Säulen goldenen Weinstöcken.

Sara Sullam hatte einen Briefwechsel mit dem Dichter und Theologen Ansaldo Ceba begonnen. Der war ein berühmter Mann, hatte sich auch als Übersetzer einen Namen gemacht und grade ein Drama über die Königin Esther geschrieben. Die Briefe der Sara bezauberten ihn so, daß er seine Gefühle nicht anders zu zähmen wußte, als zu versuchen, die ferne Freundin vom rechten Glauben, nämlich dem alleinseligmachenden christlichen zu überzeugen. Wir verdanken allein ihm, dem kränklichen und todgeweihten Mann, Kenntnis von Sara. Ihre wenigen erhaltenen Schriften hat Ansaldo aufbewahrt, sie selber soll zu bescheiden gewesen sein.

Jüdische und Frauenemanzipation in einem? Es sind uns nur wenige Blicke in das ungewöhnliche Leben der Sara Sullam erlaubt, in die Zeit, in der auf dem engen Raum des Ghettos Erfindungsgeist und die Letzten Fragen, Poesie und Diskurs einander übertrafen. Der arme Ceba jedenfalls gestand sich ein, daß er um die Seele der jüdischen Freundin nur deshalb so erbittert kämpfte, weil er fürchtete, ihr im Jenseits sonst nicht zu begegnen. Sara behauptete stolz und gelassen ihr Judentum. Stolz, obwohl es so viele lachhafte und bittere Einschränkungen gab – zum Beispiel waren Gondeln für die Juden verboten. Ein finsterer Verehrer von ihr brachte sie – aus enttäuschter Liebe – an den Rand des Todes, indem er sie vor der Inquisition – die gab es auch dort – anklagte, nicht an die Unsterblichkeit der Seele zu glauben. Es gelang Sara trotz einer schweren Krankheit, von der sie sich nur langsam erholte, jenen Baldessarro Bonifacio in einer berühmt gewordenen Antwortschrift gänzlich mundtot zu machen. »Entferne den finsteren Irrtum aus den verblendeten Herzen / es soll der Gemeine sich nicht damit brüsten, die Wahrheit zu verhöhnen!«

Auch wenn all die farbigen und aufregenden Geschichten längst versunken sind, lohnt sich der Weg ins Ghetto. Neun Bäume stehen auf dem kleinen Platz, sieben Reihen Stacheldraht auf der Gedenkmauer erinnern an das schreckliche Ende, so wie da auch steht: »Zweihundert Juden von Venedig / Achttausend Juden von Italien / Sechs Millionen Juden von Europa ...«

Das Ghetto ruht sich aus, es ist ein müder, ausgeleerter Ort. Man erinnert sich an die lange, fein gesponnene Kette von Beschränkungen und Willkür, an die die venezianische Judenheit mal fester, mal lockerer gefesselt war. Die Schikanen und Verachtungen scheinen harmlos und geradezu human gegen das, was wir wissen. Aber sie waren ein Beginn.

Sara schreibt an ihren abtrünnigen Verehrer Bonifacio, der ungerührt ihren Tod durch die Inquisition in Kauf genommen hätte: »Um jeden Zweifel, was meine Einstellung angeht, auszumerzen, müßte doch mein Bekenntnis zum Judentum genügen. Denn wenn ich das glauben würde, was Ihr mir ankreidet (nämlich daß die Seele nicht unsterblich ist) und daher nicht fürchten würde, die Seligkeit im anderen Leben zu verlieren, hätte es mir nicht an Gelegenheit gemangelt, die Religion zu wechseln, um meine Lage zu verbessern; das können viele hochgestellte Persönlichkeiten bezeugen, die es unentwegt versuchten.«

Das Ghetto ist ein karger Ort, aber in ihm fliegen noch mehr Geschichten durch die Luft als im übrigen Venedig. Und auch beim nächsten Besuch wird es wieder seine Eingänge verbergen, und man wird aufs neue nach ihnen suchen.

Mit Klaus Lindemann

Seit es sie gibt, nimmt man sie als Bühnenbild, als Hintergrund oder als Ort, an dem sich Leben verknotet. Man hat sie inszeniert, die Wasserstadt, oder sich von ihr inszenieren lassen, und wer will entscheiden, was das Klügere oder das Bekömmlichere von beidem ist? Jedes kleinste ihrer Teilchen scheint tausendmal betrachtet und abgebildet, aber, als erfände sich Venedig immer wieder neu, ist jeder, der es sieht, überzeugt, es sei etwas ganz allein für ihn aufgehoben worden durch die Jahrhunderte, ein Brunnen oder ein fast schwarzes Tafelbild, eine einzigartig gekrümmte Brücke, eine Gasse, manchmal auch eine der über hundert Inseln. Jeder Besucher kennt dieses plötzliche ängstliche Glücksgefühl: Da ist ein Bild, ein Licht, eine Ecke, die so noch niemand auf der Welt gesehen hat. Und soweit ich weiß, gestatten das die echten Venezianer nachsichtig und ein wenig verachtungsvoll, weil die Stadt, die sich ihnen allmorgendlich bietet, wieder eine ganz andere ist, eine, die für jeden auch noch so leidenschaftlich assimilierten Fremden immer unsichtbar bleiben wird.

Macht man sich Venedig untertan oder unterwirft man sich? Und wie, bei den Göttern der Liebe, will man das eine vom anderen unterscheiden? Höhnisch zeigen uns die alten Gemälde die in Pracht und Hoffart ertrinkende Stadt der Dogen. Das werdet ihr nie zustande bringen, sagen diese Bilder, und es sind Künstler verschiedener Couleur, die diese Stimmen hören und sich von ihnen quälen lassen.

Von den Gondeln herunter hingen lange bunte Stoffbahnen, die im Wasser schwebten und die Kanäle schmückten. 1608 schreibt der sehr naive Besucher Thomas Coryate, nachdem er seinem Bedauern über die armen ungläubigen Juden Ausdruck verliehen und ihre Frömmigkeit unwirsch gepriesen hat: »Am Morgen dieses Tages sah ich den Dogen in seinen prächtigsten Prunkgewändern, in Begleitung von zweimal sechsundzwanzig Senatoren in langärmeligen Damastgewändern nach St. Markus kommen ... er trug zwei äußerst kostbare, lange Gewänder – das oberste war weiß, aus silberfarbenem Tuch, mit großen massiven Goldknöpfen. Das andere war ebenfalls aus silberfarbenem Tuch, aber mit vielen farbigen kunstvollen Stickereien verziert. Seine Schleppe wurde von zwei Herren getragen.«

Wer auch immer nach Venedig kommt, um die Stadt darzustellen – und wenn es vielleicht nur ein kleiner Bericht von der Biennale werden soll –, möchte ein Doge sein. Er möchte der Pracht teilhaftig werden, von der die Stadt getränkt ist, ohne sie an der Oberfläche zu zeigen.

Der Regisseur Klaus Lindemann, einer, der seine hochfahrenden Wünsche listig hinter Dokumentation und Dienerschaft an der Musik zu verstecken wußte, erfüllte sich in den frühen achtziger Jahren einen ganz geheimen Wunsch: Er ließ nachts den Markusplatz sperren und richtete ein Festmahl dort aus. Das sollte für einen Film über Georg Friedrich Händel notwendig sein, ich bin aber sicher, daß es in Wirklichkeit für ihn, Klaus Lindemann, notwendig war, vielleicht lebensnotwendig. Während der venezianischen Drehzeit begann ein sanfter Wahn die gesamte Crew zu umgeben wie eine Wolke, das Bluffgefühl (Darf ich das überhaupt, was ich da tue?), das jeder Künstler, zumal jeder Filmende kennt, schien übermächtig, und in einer Raserei von Detailverliebtheit wurden edle Gläser besorgt, obwohl man doch eigentlich wußte, daß sie auf dem Bildschirm – fürs Kino war das Ganze sowieso nicht gedacht – etwa die Größe einer Stecknadelspitze haben würden.

Die Serenissima und ihre undurchsichtigen Verwalter zeigen viel Witz, wenn man Bilder, welcher Art auch immer, machen will. Mussolini hat einmal das Gesetz erlassen, daß man nicht vom Stativ am Boden aus drehen dürfe, das haben sie natürlich beibehalten, denn damit kann man entweder Menschen zur Verzeiflung bringen oder sie kräftig schröpfen. Eine geradezu renaissancehafte juristische Problematik eröffnet die Frage, ob das Drehen, wenn man das Stativ auf den Boden einer Gondel stellt, verboten oder erlaubt ist.

Der Regisseur Klaus Lindemann, dünn und zäh, die breiten Lippen über die großen Zähne zurückgezogen wie ein angriffslustiges Pferd, den Kopf voll für andere unhörbarer Musik und verzweifelter Liebe zur Quadratur des Kreises, welche bei ihm hieß, das absolut Schöne mit dem banalsten aller Medien zu vermählen, muß damals glücklich gewesen sein, wie es vielleicht auch H. A. Schult war, der sich nicht anders ins Gedächtnis Venedigs zu bringen wußte, als den ganzen Markusplatz mit zerknülltem Papier zu bedecken. Nie hat mir jemand sagen können, was daraus geworden ist: Wahrscheinlich haben sich die Papierknödel in Tauben verwandelt und sind weggeflogen.

Der abgesperrte Markusplatz in der Dämmerung und schließlich in einer scheinwerfererhellten Nacht, die lange Tafel voll falscher Fasanen und echter Trauben, die nach jeder Einstellung sorgfältig in ihre orgiastische Unordnung zurückversetzt wurde, die hochgeschnürten Frauenbrüste und die juckenden Allongeperücken zusammen mit dem Gewusel der Aufnahmeleiter und der in Puderwolken eingehüllten Maskenbildnerinnen schien die vollkommene Erfüllung eines verrückten Wunsches. Niemand, der dabei war, vergaß es je, obwohl das Ganze wie jede Filmarbeit nichts als ein Puzzle aus Ärger, Unzulänglichkeit und dem schalen Geschmack des Simulierten war.

Tausend solcher Okkupationen hat Venedig schon ungerührt überstanden, ohne auch nur ein Mosaiksteinchen zu verlieren. Wahrscheinlich schleichen durch die nächtlichen Gassen verzweifelte Schatten von Performancekünstlern, Bildhauern und Regisseuren jeder Art, die sich die Stadt wenigstens für kurze Zeit gefügig machen wollten, und nur feststellen konnten, daß sie nach der Musik Venedigs getanzt hatten. Gewiß, dabei entstehen schöne Dinge, die man sich anderswo gern ansieht.

Auch die relativ kurze Szene des Festmahls auf dem nächtlichen Platz machte sich gut in jenem Film über Händel. Das aber genügte Klaus Lindemann nicht, und er beschloß ein paar Jahre später, sich von einer anderen, unauffälligeren Richtung her dem geliebten Platz noch einmal zu nähern – natürlich wieder mit Hilfe der Musik, wie auch anders! Er versuchte, das Rätsel der beiden gegenüberliegenden Orchester des *Quadri* und des *Florian*, der beiden berühmten Cafés, die man sich auf den ersten Blick samt ihrer Musik eher in Wien oder in Budapest als in Venedig vorstellen mag, zu lösen.

»Wenn ich ein andres Wort für Musik suche, so finde ich immer nur das Wort Venedig«, sagt Nietzsche – hat er auch die Musik gemeint, die so trügerisch süßlich und klebrig über den Platz sickert und nach wenigen Tagen süchtig macht? Lindemann wollte über die Biographien der Musiker und die »Architektur« des Caféhausorchesters einen Traum, die herzzerreißend schöne Vermischung von Kitsch und Unsterblichkeit, entschlüsseln. Aber die Musiker verweigerten sich, nachdem sie sich zuerst hatten locken lassen, und die Genehmigungen und Verweigerungen häuften sich bald wie H. A. Schults zerknülltes Papier.

Ich war nicht dabei, aber er muß um das Orchester geworben haben, als seien sie die Türhüter vor den Geheimnissen des Platzes und der Stadt. Den Baßgeigenspieler habe ich aus vielen Jahren in Erinnerung. Er alterte nicht, er war alt. Ein Vorstadtmephisto, groß, mit einem tiefhängenden Bauch in einem ergrauten Frack, sah er aus, als wüßte er alles, was es über die Stadt zu wissen gibt. Nie wandte er den Blick zu den Türmen, auch nicht, wenn die Glocken läuteten. Und wenn von drüben, vom *Quadri*, zum zehntenmal die *G'schichten aus dem Wienerwald* erklangen, spielte er im *Florian Yesterday* in der nur ihm eigenen Fassung. Sie gaben nichts preis, sie gaben keine Geschichte her, obwohl sie sie im Übermaß besaßen. Sie waren geizig, diese Musikanten. Sie hielten die Tür verschlossen. Die Inszenierung eines barocken Gastmahls auf dem Markusplatz hat Klaus Lindemann in ihren Augen nichts genützt, vielleicht sogar geschadet, wer weiß das schon. Vor einigen Jahren ist Klaus Lindemann, noch nicht sechzigjährig, in der Schweiz gestorben, über eine Partitur gebeugt.

Das schäbige Orchester im *Café Florian* schert sich nicht um seinen Tod, sie spielen *Laras Lied* aus *Doktor Schiwago*. Das mag an dieser Stelle der Welt genausogut als Requiem herhalten wie irgendwas anderes.

Mit E. T. A. Hoffmann

Venedig bietet einem keine Nächte an. Wer sich eine säkularisierte Variante der alten Dogenherrlichkeit und Kurtisanenkultur erhofft, wird aller Wahrscheinlichkeit nach enttäuscht werden, es sei denn, er verfügt über exzellente Verbindungen und eine seltene Synthese von sehr viel Geld und sehr viel Phantasie. Aber es ist paradox, wie vieles hier – grade weil es das industrialisierte Nachtleben nicht gibt, streunen viele Menschen nachts herum, in eigene Gedanken versunken, in die schwarzen Prachtentfaltungen der Stadt, oder sie bevölkern das ruhige Wasser mit den Figuren in Gondeln, die sie kennen. Aretino oder Casanova sind die Vorgaben, aber es ist auch möglich, mit einem zeitlebens sehnsüchtigen und zukurzgekommenen Deutschen die venezianische Nacht zu durchwandern.

Was das schon für ein Wort ist: venezianische Nacht! Das sind bunte Lämpchen und Musik, schwarze Halbmasken und Vereinsfest des Ruderclubs, Schüleraufführung und zum erstenmal die *Barcarole* im Radio, früher, in den Zeiten der Sehnsüchte, deren Erfüllung in den Sternen und nicht im Reisebüro lag.

Venezianische Nacht in Wirklichkeit ist etwas ganz anderes, vielleicht der Beweis, daß echte Sehnsüchte tatsächlich unerfüllbar sind. Immer fehlt etwas. Natürlich kann man dem Studenten im Café *Quadri* zuhören, der sich eine einfache Version des *Albinoni-Adagios* angeeignet hat, und natürlich ist im Sommer die Vorbereitung der Nacht den beiden Wahnsinnsorchestern auf dem Markusplatz überlassen – bis kurz vor Mitternacht. Dann läutet die Glocke, und alle, der ganze tanzende Saal, halten die Gesichter in den Nachthimmel gereckt und schnuppern den Klängen nach und der Seeluft: Midnight in Europe! Einzigartiges Gefühl, direkt am schlagenden Herzen des alten Europa sein zu dürfen, koste es auch zwanzigtausend pro Campari.

Dann spielen sie noch aus unerfindlichen Gründen *Arrivederci Roma*, aus Zynismus vielleicht, und dann ist alles aus, und die Nacht hat grade erst angefangen.

Das ist E. T. A. Hoffmanns Stunde, er erzählt so gläubig und süchtig von der Pracht nicht nur der Tage, sondern auch der Nächte im Dogenpalast, diesem anmaßenden Gebäude, das »wie ein Schiff« dasteht, Himmel und Kerker. Schon am Eingang sieht man, wie die Erbauer sich über alles hinweggesetzt haben, als sie das herrliche Muster aus zusammengestohlenen Steinen fügten. Und jedes Kapitell erzählt eine andere Geschichte.

Von allen Gebäuden, deren ursprüngliche Benutzung man sich einfach nicht mehr vorstellen kann, ist dieses das mächtigste. In der Nacht geht der Blick an den endlosen Reihen der Fenster entlang, die Seufzerbrücke im zweiten Stock ist nicht erschreckender und anziehender als alles andere. In der Nacht vergißt man die Kassenhäuschen und die bunten Papierwuschel, die von munteren Reiseleiterinnen in den Himmel Venedigs geschwenkt werden, auf daß sich die Völker nicht mischen. Es wird Platz für den Dogen und die Dogaressa, mit denen Hoffmann den Palast besetzt hat, seine Geschichte ist in der Nacht entstanden und erzählt viel von ihr. Die Serapionsbrüder berichten einander allerlei von der Welt, von der Liebe und von der Macht. Natürlich muß da Venedig auch eine Geschichte bekommen, denn das ist die Stadt, Welt, Liebe und Macht. Hoffmann erzählt von den Zeiten, da es noch niemandem in den Sinn gekommen wäre, Venedig immer den Tod als treuen Begleiter beizugeben. Er erzählt vom vierzehnten Jahrhundert, in dem es zwar den Tod in allen grausamen Varianten gab, aber nicht die Morbidität. Schlachten und Seuchen, Mord und Krankheit waren ziemlich alltägliche Begleiter der Menschen, aber die Süchtigkeit nach dem Vergänglichkeitsgefühl, die angenehme Melancholie hat keine Rolle gespielt. Der Tod war keine kokette Phantasmagorie, sondern ein Nachbar. Venedig kennt beide Lebensarten. Das muß dem Ernst Theodor Amadeus Hoffmann sehr nahe gewesen sein. Die Nacht war seine Zeit und der Tod ein unausweichliches Thema, aber doch nicht so blaßlila, wie es die Romantiker manchmal gern hatten und später die Expressionisten hinter der Maske der Gelassenheit.

Der Doge, den uns Hoffmann erzählt, ist ein alter Mann, Marino Falieri, an die achtzig ist er, aber man trägt ihm noch einmal die Macht an in kriegerischer Zeit und mit der Macht auch die Liebe. Man redet sie ihm ein, nicht jene Hochzeit mit dem »kalten, feuchten, verräterischen Element«, die er als einzige für sich noch in Anspruch nehmen will und die jeweils an Himmelfahrt vollzogen wird, nein, sein bester Freund stellt ihm eine ganz unschuldige Braut in Aussicht, die nie einen Mann gesehen hat und sehr schön ist. Neunzehn Jahre zählt sie und heißt ausgerechnet Annunziata, der Widerstand des alten Dogen wird schwächer.

»Trägst du dein Haupt nicht so aufrecht, gehst du nicht mit solchem festen Schritt einher wie vor vierzig Sommern?« Das ist vor fünfhundert Jahren grade so geglaubt worden wie heute, auf den unendlichen Gängen des Dogenpalastes wie in den hübsch plüschernen Fluren der venezianischen Luxushotels. Wenn die Macht gefestigt ist und die Insignien so unermeßlich wie hier, kann es doch keinen Zweifel geben.

Mit der falschen Liebe hat der arme Hoffmann so viel zu tun gehabt, daß eine ganze wunderbare Oper lang von nichts anderem die Rede ist. Deshalb lag dem Dichter – oder jenem, dem er bei den vertratschten Serapionsbrüdern seine Stimme lieh – die Tragödie des alten Dogen Falieri sehr am Herzen.

Es ist Nacht, eine warme, mondlose Nacht am Dogenpalast, und das Läuten der Glocke ist schon lang her. Die mattrosa Lichter brennen an der Piazzetta, die Tauben sitzen wie runde, etwas eklige Früchte in den steinernen Blumen, Kronen und Zweigen. Man hört wie vor fünfhundert Jahren jedes Ruderplätschern, und man wird niemals glauben, daß ein Lehrersehepaar auf dem Heimweg vom Silberhochzeitsessen ist, melancholisch seinen Gedanken über den Gondelpreis nachhängend, denn man hört kein Wort. Nein, es ist Antonio, jener junge Mann, der die Dogaressa gesehen hat und sich natürlich in sie verliebte, denn die Liebe kriecht durch die kleinsten Lücken, das weiß man aus vielen hundert Geschichten, nicht nur über Venedig. In die innersten und verstecktesten Gemächer des Palastes kommt sie, und es gibt Kammerzofen, Ammen und geldgierige Gondolieri zuhauf, die ihr alle behilflich sind.

Kein phantasieanregenderes Geräusch als das der Ruder im nächtlichen Wasser!

Hoffmanns Antonio verbündet sich nicht nur mit der Nacht, um seiner Geliebten zuleibe zu rücken, sondern auch mit dem venezianischen Vergnügen an Akrobatik, Jahrmarkt, Karneval und sonstigen Festlichkeiten, die nicht immer ganz unschuldig sind – der vor einigen Jahren reinstallierte Karneval, dem es in kurzer Zeit gelungen ist, pro Maske ein Kamerateam in die Stadt zu lokken, hat mit der früheren ruppigen Lustbarkeit nichts mehr zu tun.

»Am Giovedi Grasso fährt nämlich irgendein kühner Mensch aus dem Volke an Seilen, die aus dem Meere steigen und an der Spitze des Markusturms befestigt sind, in einer Maschine, die einem Schiffchen gleicht, herauf und schießt dann von der Spitze des Turms pfeilschnell herab bis zu dem Platze, wo Doge und Dogaressa sitzen, der er den Blumenstrauß, den sonst der Doge, ist er allein, erhält, überreicht. –«

Man kann sich denken, was geschehen wird und schaut zu dem Turm hinauf, der zwar indessen ein anderer ist, aber niedriger war der ursprüngliche auch nicht. Der alte Doge, der vor lauter angstvoller Freude an seiner schönen jungen Frau den militärischen Biß verloren hat und deshalb vom venezianischen Volk verlacht wird, will sein Besitztum zeigen, und natürlich ist es Antonio, der das Kunststück aufführt.

Es geht nie so einfach, wie man denkt, weiß man, wenn man ein halbes Jahrtausend später über die Nachtgeschichten nachdenkt im dunklen Venedig. Die schönen Verwirrungen, die E. T. A. Hoffmann noch am gemütlichen Serapionsabend spinnen läßt, dienen nur jenen zur Zerstreuung, die Venedig nicht kennen. Die verlorene und wiedergefundene Mutter, die Verwechslung der Kinder, die Wiederentdeckung von Stand und Vermögen – schließlich die diversen Bösewichter und die Kulisse des Palastes –, all das erzeugt keine behagliche Märchenstimmung, ganz im Gegenteil – man ahnt: Hoffmann hat den Atem der Stadt verstanden. Er läßt keinen davonkommen, den Falieri nicht und auch nicht die jungen Liebenden. Die echte Braut, die nasse, holt sich die beiden. »Ah, senza amare / andare sul mare / Col sposo del mare / Non puó consolare.« Ach, ohne zu lieben / auf dem Meere zu fahren / mit dem Gatten des Meeres / kann niemanden trösten.

Mit Familie Käsebier

Käsebiers leben. Sie haben zwei Weltkriege, ungefähr hundert Regierungen – wenn man die italienischen dazurechnet – den Wechsel von Moden und den Werteverlust überstanden. Aber es gibt sie noch. Ludwig Thomas Urlauberfamilie Mathilde, Wilhelm und Lilly Käsebier verreisen unverdrossen und enthusiastisch, und wir brauchen uns gar nicht über sie zu erheben – wir alle sind Käsebiers. Besonders in Venedig. »Am Markusplatz erzählte uns der Fremdenführer, daß vor ein paar Jahren der Turm eingestürzt ist. Na, was sage ich! Die Trümmer haben sie wieder zusammengekleistert, statt mal ordentlich mit Eisenbeton ranzugehen. Alles wegen die Fremden und damit Baedeker recht hat. Sie leben hierzulande von der Vergangenheit und Jeschichte, damit se nischt zu arbeiten brauchen. Das ist die Jeschichte.« So schreibt Wilhelm Käsebier aus Charlottenburg seinem Freund, er denkt wehmütig ans Skatspielen und daran, daß man nicht andauernd enthusiastisch sein kann.

So um die neunzig Jahre später wird der zusammengekleisterte Turm betrachtet, und ein nahestehender Mensch sagt, das interessiert dich doch gar nicht, wie das hält! Und die bauen einen Aufzug von unten rauf, schau mal.

Ich habe gedacht, das macht man immer so, sage ich, alias Mathilde Käsebier, und beklage, daß man nicht recht in Stimmung kommt, weil der Campanile so mit Brettern vernagelt ist, daß tatsächlich nur der Aufzug von unten nach oben einen optischen Reiz ausübt, aber keinen großen.

Indessen schreibt Lilly Käsebier, die Tochter, an ihren Freund, und zwar am 15. Februar, den sie aber *febbraio* nennt, daß Venedig wahnsinnig echt sei, und ihrer Freundin teilt sie auf einer Ansichtspostkarte mit, »Um unser Schiff die Welle schäumt, / Der Gondoliere steht und träumt, / la luna blickt herunter / und wir genießen froh und munter./«

Sie sind nicht in der Saison hiergewesen, die Käsebiers, das war klug von ihnen und erweist sie als Kenner. Leider machten aber auch sie die Erfahrung, daß Venedig wie keine andere Stadt auf der Welt geeignet ist, die unüberbrückbaren Gegensätze im männlichen und weiblichen Denken und Fühlen schmerzlich klarzumachen. Das hat damals Ludwig Thoma sehr schön herausgearbeitet: »Nur daß freilich mein husband die Illusion fortwährend durch seine Berliner Witze zerstörte.«

Mann, die haben den Kanal abgelassen, sagt einer, auch außerhalb der Saison, aber unlängst. Die Kabel an den Häusern lang, ist das nicht toll?

Im Kanal plustert sich grauer Schlick zu runden, glitschigen Hügeln. Drei Arbeiter mit hüfthohen Gummistiefeln kratzen Dreck und alten Mörtel aus den Fundamenten der schönen, maroden Häuser, es sieht aus, als wenn Zahnstein entfernt würde. Ein kohlrabenschwarzes Rinnsal am Grunde des Kanals umspült anmutig ein altes eisernes Bettgestell und mehrere Plastikeimer. Wie Girlanden hängen dicke Leitungsbündel an den Fundamenten; obwohl es kalt ist und die Lagune ein unschuldiges gläsernes Seegrün zeigt, stinkt es erbärmlich.

Herr Käsebier von heute fällt vor Begeisterung fast in den Kanal, verknipst einen ganzen Film und kann sich von so viel Interessantem gar nicht trennen. Ich, Frau Käsebier cum grano salis, denke, daß dieses Bild etwas Schamloses hat, als würde man eine berühmte gealterte Schönheit beim Arzt photographieren.

So intensiv wie in den letzten Jahren waren die Erhaltungsarbeiten nie in Gang gekommen, vielleicht hat das viele Geld, das die Welt der Serenissima zukommen ließ, nach vielen Jahren und Umwegen doch noch den Weg in die Stadt gefunden. Das ist gut, das muß sein, aber man will es nicht so genau sehen und sich lieber der Unveränderbaren widmen, die ihre Geheimnisse behält und ihre Schätze, da ein Tiepolo-Bild, dort einen römischen Helden oder ein köstliches byzantinisches Fenster.

Ich will die *Ca d'Oro* anschauen, sage ich. Schon mein Vater, mit nur wenigen Käsebier-Eigenschaften behaftet (oder?), hatte mich eines vulgären Geschmacks bezichtigt, daß mir ausgerechnet dieses serailhafte kunterbunte Ding so gut gefiel. Ein kostbarer Legobaukasten für Zauberer, ein Kaleidoskop der Stile – wenn sie die Duckdalben nicht schleunigst auswechseln, brechen sie einfach ab und schwimmen davon, sagt der unbestechliche Beobachter an meiner Seite. Die schönen Wasserpfosten sehen aus, als wären Biber drangewesen, ganz dünngenagt kurz unter den Oberfläche. »Hierzulande sind die ollen Klamotten Heiligtümer, und meine Mathilde sieht fortwährend den Geist der Geschichte herumschweben. Ich sage bloß, ne ordentliche Portlandzementfabrik her, un rin in die Ruinen. Dafor können sie uns noch dienen, die ollen Ruinen. Aber sag das mal zu diese Jüngerinnen Baedekers, und dann ein Blick, vastehste, der durch Weste und Hemd geht.«

Im Plan steht Linie zwei, sagt der Mann aus der Jetztzeit. Da kann man genau hier herum, also hinten durch, nicht über den Canal Grande.

Es gibt aber nirgendwo ein Schild mit Linie zwei, an keiner Haltestelle, sagt die Frau aus der Jetztzeit. Und überhaupt: Warum nicht über den Canal Grande? Ich kann ihn bis an mein Lebensende nicht genug anschauen. Und ich entdecke jedesmal was Neues, jedesmal.

Warum sie die Rialtobrücke dauernd mit diesen roten Lappen verschandeln müssen, sagt der Mann. Die roten Lappen annoncieren Ausstellungen oder Festspiele oder Gondelrennen, was halt grade so los ist, etwas ist immer, und sie zeigen es stolz und eben rot, auch wenn es sich nur um eine Dalí-Ausstellung handelt, von der wahrscheinlich kaum ein Bild echt ist, was aber bei Dalí nichts macht.

Ich finde das festlich, dieses Rot, sagt die Frau, und es paßt auch zu dem Gewusel auf der Brücke.

Wenn es im Plan steht, muß es sie geben, die Linie zwei, sagt der Mann nachdenklich, weil er sich klugerweise nicht streiten mag.

Im Hof der Universität stehen die Studenten zusammen und unterhalten sich. Es ist ein anderes Bild als das von zu Hause gewohnte, man weiß gar nicht gleich, warum. Dann sieht man: Es fehlen die Fahrradwälder, die Bewegungen des eiligen In-alle-Richtungen-Verschwindens. Ganz gemächlich verkrümeln sich die Jungen und Mädchen in den engen Gassen.

Der Ullrich hat hier studiert, sagt der Mann.

In Venedig? fragt die Frau. Hier kann man doch, wenn überhaupt, nur Kunst studieren. Und auch damit würde ich mutlos. Hier kann man doch nicht arbeiten, hier ist doch dauernd was zum Gucken. Und wenn man tatsächlich Kunst macht, dann schreit es dich aus jeder Ecke an, daß du das nie schaffst und nie können wirst.

Ich glaube, er ist jetzt Elektroingenieur, sagt der Mann. Er war gern hier, hat er erzählt. Es gibt auch eine Normalität, das kannst du dir wohl nicht vorstellen.

Ich bin nicht blöde, sagt die Frau. Es gibt Stadtflucht und Arbeitslosigkeit, das weiß ich auch. Du weißt ja nicht einmal, welche Arbeit sie hier los sind, sagt der Mann friedlich. Noch achtzigtausend Venezianer. Es waren mal dreihunderttausend.

»Eigentlich sollte man glauben, daß die Leute, welche hier immer leben dürfen, von der alten Kultur vollkommen durchdrungen sein müßten, aber man erkennt nur zu bald, daß dieses Volk eigentlich so gar nichts weiß von dem hehren Geiste, der um diese Stadt gelagert ist, und daß es vollkommen stumpf im Schatten der wundervollen Palazzi seinem alltäglichen Leben frönt.« Ach, Mathilde Käsebier – wir machen dir schon genug nach. Alles muß es denn doch nicht sein.

Wie soll ich denn das Leben hier rausfinden, sagt die Frau kleinlaut.

Das brauchst du gar nicht zu versuchen, sagt der Mann. Du verziehst dich ja schon, wenn du einen leeren Kanal siehst.

Für leere Kanäle bin ich auch nicht hergekommen,

sagt die Frau. Vielleicht fährt diese Linie zwei ja nur im Sommer.

Du könntest recht haben, sagt der Mann versöhnlich. Und zeigt auf einen zahnlosen und breit lächelnden Löwen, den man noch nie vorher gesehen hat und an dem man doch hundertmal vorbeigelaufen sein muß.

Manchmal ist es zu schmal hier, sagt der Mann und grinst. Da kann man schlecht nebeneinandergehen. Zum Abendessen könnten wir in die Kneipe mit dem Spielautomaten und den Kids. Du willst doch wissen, wie das Leben wirklich aussieht.

Es sieht dann ein wenig traurig und abwartend aus. Wahrscheinlich fehlen ihnen die Motorräder, sagt der Mann. Macht es dir was aus, wenn wir noch einen Umweg machen, an dem abgelassenen Kanal vorbei? Ich will unbedingt wissen, wie der nachts ausschaut.

»Am 17. mußte ich mich von Venedig losreißen. Mit welchen Gefühlen, brauche ich dir nicht zu schildern. Es war ein Traum!!!« Ach, es ist wahr, Mathilde Käsebier. Wir haben uns verstanden.

Mit Giuseppe Verdi

Er heißt Campo San Fantin und war bis zu einer unglückseligen Januarnacht des Jahres 1996 ein Herzstück von Venedig, mein Lieblingsplatz, weil die klugen Vorfahren auf ihm alles zusammengefügt hatten, was der Mensch braucht: eine Kirche, eine Taverne, ein Hotel und die Oper. Die Heilige Vierfaltigkeit, eng aneinandergeschmiegt und von ein paar geheimnisvollen Kanonenkugeln bewacht, die in den Mauern steckten und deren Flugbahn man sich gar nicht vorstellen konnte – sie mußten um die Ecken gekommen sein, gemächlich wie Tauben herangeschwebt. Nie hat mir jemand sagen können, wer da wann auf wen geschossen hat, und es hat an dieser Ecke, die dem Menschen alles bot, was er braucht, auch nie jemanden interessiert.

Das Herz des Herzens, die Oper, das *Teatro Fenice*, ist abgebrannt, wenige Tage vor seiner Wiedereröffnung nach der Renovierung – warum, zum Teufel, nennen sie ein so schönes Theater ausgerechnet Phönix? Heißt das nicht die Götter versuchen? Und schon zweimal hatten sie es sich nicht verkneifen können, diese Götter, auszuprobieren, ob die Menschen den Vogel wieder aus der Asche steigen lassen würden. Nun taten sie es zum drittenmal, und die Asche war noch nicht kalt, als auf der ganzen Welt die Opernliebenden begannen, für den Phönix zu sammeln. So ist dies ein Nachruf voll Hoffnung.

Wie oft habe ich im *Hotel Fenice* daneben gewohnt und darüber gestaunt, wenn die Bühnentore über dem

Kanal geöffnet wurden und die auf schmalen Booten herangebrachten Kulissen nach oben schwebten und in dem großen Tormaul verschwanden. Manchmal konnte man das Stück erkennen. Venedig hatte viel Platz für Musik, an diesem kleinen Platz schüttete man sie zusammen, und sie floß in breiten, goldenen Strömen aus der Höhe, wenn Bläserprobe war. Das heisere Orgelkeuchen hat nicht gestört, und die Klänge der eigenen Jugend aus der Taverne – das war doch Domenico Modugno, lebt der eigentlich noch? – störten auch nicht. Sie hatten im *Fenice* viel Modernes gewagt, und viele Interpreten und Schöpfer der Neuen Musik haben im *Hotel Fenice et des Artistes* gewohnt – aber Verdi siegt, und keiner widersetzt sich ihm, auch nicht der Rap aus den kleinen Recordern der Verkäuferinnen oder die Dutzende von armen Kanarienvögeln, die ihren Gefangenenchor in die Luft schreien.

Wohnte man in dem von Geistern überfüllten *Hotel Fenice* direkt neben dem Theater, wurde man von Musik umhüllt wie von einem üppigen, schweren Mantel, schon morgens beim Frühstück auf den kleinen Terrassen konnte man sich über die Disposition der Sängerinnen und Sänger kundig machen, hörst du? In Rom soll sie schon Schwierigkeiten gehabt haben.

Es gibt in keiner Stadt so viele Hotels, die zum Geschichtenfinden und -erfinden verführen wie in Venedig. Daß man sich ihnen demütig zu Fuß mit hinterdreingezogenem Gepäck zu nähern hat, gibt allem die richtige Würze. Der sich durchs Auto definierende Mensch – nackt ist er in dieser Stadt, wie Gott ihn schuf. Man kann sich im *Gritti* als Belle-Epoque-Millionärin empfinden, blasiert und müde, oder im *Danieli* wie ein japanischer Softwaretycoon oder eine Moderedakteurin. Drüben auf der Giudecca darf man sich als Verleger oder Illustriertenmacher fühlen und in den kleinen, verwunschenen Pensionen als Lyriker. Im *Fenice* mit seinen bühnenhaften Zimmern, die mit vergoldeten Trumeaus und dem venezianischen Marmor an den Wänden zu übertriebenen Gesten verführen (wenn uns nur die Geister zuschauen, probieren wir vor dem schmeichelnd blinden Spiegelglas, wie wir aussehen, das Nachthemd wird zur Robe), darf sich jeder wie ein Sänger oder eine Sängerin vorkommen, wie ein großer Pianist oder Dirigent, wie ein Choreograph oder eine Tänzerin. Alle hier geträumten Träume haben mit Musik zu tun, und Verdi siegt, wir sagten es schon. Auch der hatte, wie der Erfinder von Hotel und Taverne, bäuerliche Wurzeln. Aus ihnen wächst die Kunst besonders gut.

Enrico Zoppi war zur See gefahren und hat sich 1907 mit dem Vorsatz »gutes Aussehen, gutes Essen, gute Preise« und einer blonden Wirtstochter in die Gastronomie gewagt. Natürlich ist nicht mehr recht auszumachen, für wen ursprünglich der Begriff »gute Preise« gegolten haben mag – heutigentags ist die Antwort allerdings klar. Leider hat die Speisekarte jene Bodenständigkeit verloren, der man wahrscheinlich den Zulauf der Künstler zu verdanken hatte. Sänger, Tänzer und überhaupt alle Musikanten essen gern gut und viel, wahrscheinlich lieber Signore Zoppis Bohnensuppe als faden gegrillten Lachs. Strauß, Strawinsky, Diaghilev, Svjatoslaw Richter, Max Reinhardt, Toscanini, Schönberg – alle haben hier gewohnt. Aber Verdi siegt.

Gegenüber in der Kirche findet sich eine Antithese zum musikalischen Höhenflug – und ein ruppiger Trost für die Zeit, in der er fehlen wird: die Kirchendienerin, die den Boden fegt und in barocker Pracht die Schlechtigkeit der Welt und die zu erwartenden Strafen vor sich hersagt. Sie fegt und fegt, die krummgezogene Signora, Verzeihung, Signorina, als gelte es, den hartnäckigsten Seelenschmutz vom Fußboden zu tilgen, sie sieht aus wie eine, die das Fegefeuer für den einzig angemessenen Wohnort der Menschheit hält. Das sagt sie auch, unablässig murmelnd, aber sie ist nicht leicht zu verstehen.

Die Kirche ist eine von den ganz normalen kleinen Barockkirchen, von denen es in Venedig unzählige gibt, eine antitheatralische Betstelle ohne das große Dekor der Heiligen Mutter Kirche, die diesen Platz offenbar kampflos der Kunst und ihrer allabendlichen Zelebrierung überließ. Auch der hartnäckigste Opernverächter gab hier nach, er wird dankbar sein, jetzt.

Eines Abends kam ich aus einer rotsamtigen *Traviata* (die schwebende Kulissenwand!) hinaus in die Dunkelheit, schön ist es gewesen, eine Art tönender Puff, Plüsch und Pleureusen und ein virtuos schluchzendes Seelenorchester. Damals mußte sich keiner vor der Oper fürchten, Aida im Putzkittel, nackte Tänzer auf der Bühne, die Dinge tun, von denen in der Oper sonst nicht mal gesungen würde – das alles war hier wenig üblich, trotz Moderne. Oper: Das ist die Musik, die den ganzen Tag über durch die Gassen fliegt, und schöne Stimmen, da ist man hier eigen. Ich ging über die schimmernden, katzbuckligen Brückchen, eins und noch eins und um die Ecke. Eine schöne Stimme hatte sie, die Arme, noch war ihr herzzerreißender Schrei hörbar, obwohl sie überhaupt nicht schwindsüchtig ausgesehen hatte, leider! In Venedig müssen die Sängerinnen aber auch nicht auf der Erde herumkugeln, sondern still an der Rampe stehen, die Arme ausgebreitet, und singen, singen. Noch ein Brückchen. Ich suchte kein Café, keine Bar, die gibt es hier hinten sowieso nicht, nur das TV-Licht und manchmal opernhafte Schreie aus Fenstern. Aber die geben ihr eigenes Stück. Etwas, ich sah es in dem mattrosa Licht nur schlecht, dafür hörte ich es um so besser, etwas Kleines, Helles fiel von einem Brückchen, es war das übernächste, in den Kanal. Es kämpfte, und ich sah Wassertropfen im Licht.

Wie komme ich zu dieser übernächsten Brücke? Der Weg da ist blind, führt in eine Haustür, um die nächste Ecke verliere ich das Ding aus dem Blickfeld, es ist natürlich eine Katze, eine kleine weiße Katze offenbar. Wahrscheinlich ist sie fremd hier. Venezianische Katzen fallen nie in Kanäle. Verdammte Spukstadt, sie narrt einen, sie zeigt und hält fern in einem.

Nie werde ich vergessen, wie plötzlich am schmalen Kanalufer ein Mann auftauchte, nein, ein Herr, dunkel gekleidet mit einem weißen Schal. Wie beiläufig beugte er sich zum Wasser, es glänzte, dann stieg er die Treppchen hinunter, gleich würde er drübergehen, aber er zog nur das kleiner gewordene weiße Bündelchen heraus und, tatsächlich, er wickelte seinen weißen Schal, den Opernschal, herum. All mein Italienisch war verschwunden. Tot, tot? schrie ich, man braucht nicht laut zu rufen in dieser Stadt, jedes Flüstern hört man überall.

Aber nein, Signora, sagte er, alles in Ordnung. Und setzte sich das weiße Kätzchen auf die Schulter und verschwand in Venedig.

Mit Christoph Derschau

Man möchte gesehen werden, aber keiner soll es merken. Man möchte nicht gesehen werden, das aber nicht wirklich. Man möchte am liebsten erkannt werden. Denen, die erkannt werden, ist es das Angenehmste, wenn man es sie nicht merken läßt. Die man mühelos erkennen würde, sind nicht mehr am Leben. Eine schmale Tür in einer Gasse, schräg die Schrift: *Harry's Bar*. Muß man hin. Wenn man sich die Freude an Enttäuschungen bewahrt hat, sogar unbedingt.

»Stört es dich, daß wir außerhalb der Saison hier sind?«

»Hältst du mich für einen Snob, weil ich aus einer alten Familie bin?«

Ah, Hemingway! Ja, so müßte man hier reden können, so trocken und abgeklärt oder abgetörnt, die Sätze klirren vor einem her, da hat man den Laden noch gar nicht betreten. Natürlich ist man sicher, daß irgendein Türhüter einem den Eingang zum Dichter- und Fremdenort verweigern wird, weil man irgendwie unpassend aussieht, was leicht geschehen kann, weil nirgendwo Richtlinien für passendes Aussehen zu erhalten waren. Das ist einem, erinnert man sich, im *Deux Magots* in Paris auch schon mal so gegangen, auch im *Europa* in Prag. Und dann war da gar nichts Heiliges. Nur im *Hawelka* in Wien haben sie es einen spüren lassen, daß man nicht hingehört. Aber jetzt: *Harry's Bar*, was ist dagegen schon das *Hawelka*! Und siehe: Alles ist ganz normal. Fürs erste jedenfalls, und das ist dann auch ein ganz klein wenig enttäuschend. Es geht nicht nur um Hemingway und die Suche nach ihm, und so ringelt man sich entschlossen um die enggestellten Stühle und Tische in dem kleinen Raum, nein, Bier gibt es leider nicht. Man hätte es wissen müssen. Jetzt hat jeder gehört, daß man da nicht hingehört, aber das scheint niemanden zu interessieren.

Ein Dutzend Tische, ein paar Stehplätze an der Bar, viele sehr freundliche und beruhigend ältliche Kellner. Nicht einmal die Bilder an den Wänden sind einschüchternd. Es ist ein wahrhaft angenehmer Ort.

»Draußen friert sich Venedig / den Arsch ab / und bemüht sich / flüssig zu bleiben / in seinen verdreckten Adern / für etwaige Gondelexkursionen / Zur Jahreswende 76/77.« So hatte damals hier den Dichter Christoph Derschau das Dichten erwischt, den Sänger der wilden Jahre, der »den Kopf voll Suff und Kino« hatte, aber im Unterschied zu den meisten seiner Altersgenossen den schwarzen Jugendlichkeitston nicht in eine vermarktbare Dauerattitüde überführte, sondern einfach im Betrieb nicht vorkam, langsamer, lautloser und hochmütiger wurde. Seiner zu gedenken fällt auch jetzt, um zwanzig Jahre und ein paar Ungewißheiten reicher, nicht schwer. Er lebt nicht mehr – dabei hatte man ihn sich älter werdend vorstellen können – oder doch nicht? »Für fast 60 Mark / groß gefressen und / mich umgeschaut / woran's nun wirklich liegt / mit diesem Venedig: / diese verdammte Umweltscheiße / in Verbindung mit der korrupten / Bürokratie! / Na ja.«

Dieses »Na ja« ist ihm hoch anzurechnen, für die damalige Zeit keineswegs selbstverständlich, und ich sehe ihn förmlich da sitzen, vielleicht an diesem Tisch rechts vorn an der Tür, vielleicht waren die Kanäle damals richtig am stinken, und das Unescogeld grade frisch in ihnen versunken, stimmt ja alles, und trotzdem wird er seinen schönen mageren Kopf geschüttelt haben, und das »Na ja« in vielen Intonationen bezog sich auf die goldene Kugel, die gegenüber im Himmel schwebt und den Engel auf Santa Maria della Salute, auf die schönen Mauern des Hotels *Monaco* nebenan und auf die Schiffe, die Tag und Nacht vorbeifahren. Man sieht das alles nicht von *Harry's Bar* aus, aber man weiß, daß es da ist. Und wird irgendwie skandalunfähig, kann sich nicht mehr richtig echauffieren, kriegt die Zornesfalte glattgezogen – schon damals! Wieviel mehr heute, aber es ist indessen viel zuviel »Na ja« in der Welt, wir wissen es, und auch das will einen nicht richtig aufregen.

»Kennst du irgendeinen von diesen Vormittagstrinkern?« läßt Hemingway seinen Besucher fragen, und das Mädchen antwortet ihm: »Nein. Ich bin kein Vormittagstrinker, deswegen habe ich sie hier nie getroffen.« Das klingt sehr rotzig und etwas sündig, wer möchte nicht gern ein Vormittagstrinker sein, aber die drei älteren Damen, die am Nachmittag bei ihren Drinks sitzen und sich über die Barbesucher unterhalten, sehen auch ganz zufrieden aus. Sie sind sehr schön geschminkt, und ihre Haut hat das Flauschige, das die sorgsam behandelte Haut alter Damen bekommt. Flauschig sind auch ihre Stolas und ihre Hüte, die Wimpern blau, und auf dem Tischchen liegen ihre großen Sonnenbrillen. Jetzt im Winter sind sie vielleicht jeden Nachmittag da, denn es ist ein freundlicher, unterhaltsamer Ort, und die Besetzung des Stücks wechselt schnell. Am Eingang, wohin ich mir den Dichter Derschau dachte und wünschte, hat sich eine ganze Schar dunkelhaariger und ernstblikkender Amerikaner niedergelassen, sie reden miteinander, indem sie sich weit vorbeugen, damit sie nicht unnötig laut sein müssen, so, als fänden sie ihre Sprache hier deplaziert. Man kann nicht erkennen, was sie trinken, und sie sehen wie Theologen aus oder Computerverkäufer. Zwischendurch zerren schöne junge Frauen Kinderkarren durch die Menge und finden auch die Kinder wieder, die hineingehören. *Harry's* ist wie ein großes Wohnzimmer, nicht wie eine Bar, hell und gut geheizt, und es wird sehr schnell bedient.

Woran liegt es nun wirklich mit diesem Venedig? Hier lenkt einen wenigstens die Stadt selber nicht vom Nachdenken darüber ab, ob man weiterkommt, ist die Frage.

Wie habe ich den Revolutionär Salvatore, Gaston, bewundert, als er es tatsächlich wagte, ganz nach Venedig zu ziehen! Die göttliche Schlamperei zu riskieren, und die unausweichliche Erkenntnis der eigenen Irrelevanz fand ich – finde ich – die mutigste aller möglichen Entscheidungen. Zweimal habe ich ihn von weitem gesehen, er war majestätisch geworden, und ich traute mich nicht, ihn anzusprechen.

Die anderen Dichter und Dichterinnen ahnten, daß es besser für sie sei, sich davonzumachen: »Morgen setz ich mich hier ab. / Die Maschine geht 7 Uhr 55. / Immer wieder werde ich / hier herkommen / vielleicht in der Hoffnung / eines Tages / in diesem Schmerz / unterzugehen. / Mal sehn. / Muß doch zu schaffen sein.«

Neben die alten Damen setzen sich jetzt zwei jüngere,

pelzig und bunt wie jene, mit einer Sammlung von Lackpapiertüten, auf denen teure Namen stehen und ohne die Venezianerinnen sich offenbar auf der Straße nicht blikken lassen. Manchmal hatte ich sie im Verdacht, daß sie auch Klopapier oder Brot in den *Fendi*- und *Gucci*-Tüten transportierten.

Die beiden Damen kruscheln, und die eine, eine Blonde, etwas weichhäutige, fördert eine prachtvolle Karnevalsmaske zutage, nicht irgendeine Larve, sondern ein echtes Zweites Gesicht, kostbar und verpflichtend. Sie ist golden, bedeckt das ganze Gesicht, hat riesige Gehänge an den Ohren und einen renaissancehaften schwarzen Samtaufbau über der Stirn.

Harry's Bar konzentriert sich auf die Maske, die alten Damen beschreiben die ihren von ehedem, oder vielleicht auch jene, die sie noch zu tragen planen, so genau ist das nicht zu verstehen. Die Besitzerin der Maske wirkt bei allem Vergnügen sehr ernst, als wüßte sie, was sie sich damit aufgeladen hat, mit diesem gewaltigen künstlichen Gesicht und seinen klassischen Konturen. Sie bedeckt sie immer wieder mit Papier, um sie kurz darauf wieder hervorzuholen und leuchten zu lassen. Die Kellner lächeln väterlich. Sie sind es gewöhnt, zuzuschauen, wie etwas entsteht, ein Gedicht oder ein geliehenes Leben für zehn Tage, Karneval oder ein Mythos.

»Als die grauen Tunten rein- / drängeln und die zugeschminkten / amerikanischen Mumien / mich verdrängen wollen / von meinem Platz / bleib ich sitzen in Künstlerpose / und skizziere dieses Gedicht.«

So exotisch ist es vielleicht nicht mehr, aber noch immer und wie eh und je ist dieser Raum einer, wohin man zurückkommen möchte, und man kann nicht genau sagen, warum. Am Schluß seines Gedichts hat Christoph Derschau damals ins richtige Leben zurückgefunden, als er auf der Accademiabrücke die Internationale auf zwei verstimmten Mundharmonikas hören zu müssen glaubte. So etwas fällt mir nicht ein, aber eine andere Strophe von Derschau, aus einem anderen Jahrzehnt, 1981: »Grüne Rose / ich habe heute irgend- / etwas gesucht. Da ich / nicht wußte was / hab ich leider / nichts gefunden / nur: / wie ich mich betrachte / als Skelett das an / den Wolken kratzt. / Grüne Rose / ich und mein graues / Venedig. / Grüne Rose / ich nehme deine Farbe / beim Wort.«

Mit Muriel Spark

Dutzende von Krimiautoren und -autorinnen haben sich voll Entzücken den Schauplatz Venedig ausgesucht, eine Rückkehr zu den alten Choreographien, aber ohne Gefahr zu laufen, als überholt zu gelten. Venedig ist nichts anderes als das berühmte Zimmer im Schloß, in das die Erzmütter und -väter der Detektivgeschichten im letzten Kapitel ihr gesamtes Personal zu sperren pflegten und so lang reduzierten, bis zum Schluß nach vielen Irreführungen und Kehrtwendungen der Täter übrigblieb.

Was im erstarrten britischen Interieur keinen Leser mehr hinter dem Ofen hervorgelockt hätte, läßt sich in Venedig immer wieder neu anrichten, mit überraschenden Effekten, einer unauffälligen Dosis Kultur und ohne unpassende und ärgerliche Sozialkritik oder Pädagogik. Besonders reizvoll und eisig hat die Große alte Dame Muriel Spark den Schauplatz ausgenützt, indem sie ihre durchweg unsympathischen Figuren einfach nicht aus dem engen Gewirr der Gassen um Santa Maria Formosa entkommen läßt – wie im richtigen Leben. Man könnte doch weg, oder? Man müßte doch nicht zum zehntenmal dem Mann mit dem braunkarierten Schal begegnen oder dem böse dreinblickenden britischen Schülerpärchen, aber man tut es, wie an Fäden gebunden. Und in dem Café, von dem du gedacht hast, es gehöre nur dir und den Bauarbeitern aus der Pfarrei, sitzen sie auch schon wieder. Dieses ein wenig unheimliche Phänomen haben sich die Krimischriftsteller, von Autojagden und ödem Hightech ermattet, offenbar dankbar und zahlreich als Angelhaken für ihre Geschichten genommen und damit, ohne es zu wollen, eine etwas andere Art der Venedigreisebücher kreiert: den Mördercicerone, den Verbrechensbaedeker. Sehr anregend, und man kann sich von Highsmith bis Timothy Holme allen möglichen Führern anvertrauen. Topographisch sind diese Krimis von größter Genauigkeit, bei Fehlern in Venedig würde sich kein Autor gern ertappen lassen, und wohin führe man schließlich lieber, um zu recherchieren?

»Venedig schien ihm als sein Territorium sehr gemäß; es veränderte sich weniger als andere Orte im Lauf der Zeit«, schreibt Muriel Spark über ihren zynischen Helden und Kosmopoliten Curran in dem Roman *Zu gleichen Teilen*, mit dem ich das Viertel von Santa Maria Formosa erkundet habe. Die Kirche ist teilweise verschalt, hinter einer fugendichten Holzwand den Blicken entzogen. Zur Messe und für wenige Besuchsstunden ist sie geöffnet. Auf dem Campo ziehen Japaner, die wetterfestesten Besucher der Stadt, in langen Reihen an den Gemüse- und Blumenständen vorbei, in einer fließenden, nur von den unmerklichen Rucken der Photopausen unterbrochenen Bewegung. Einige scheren in der Kirche aus, wo sie mit der gleichen Verwirrung wie jeder Besucher zu ergründen suchen, wie der Grundriß angelegt sein mag und welchen göttlichen Eingebungen eine so reich-komplizierte Architektur zu verdanken sein könnte. Es gibt keinen rechten Winkel, keine Parallelen und doch den Eindruck einer großen Ausgewogenheit. Ihre Geschichte beginnt natürlich mit einer Erscheinung, der einer besonders hübschen – *formosa* – Madonna, die den damaligen Bischof um eine Kirche bat. Das war im siebten Jahrhundert, ein kleines, feuchtes Holzhüttchen, dann wurde mehr draus, denn das Feuer vom April 1106 hatte alle Holzbauten und 24 Kirchen vernichtet. Man baute sie mit dem Grundriß des Griechischen Kreuzes wieder auf, der auch für die Basilika San Marco benutzt worden war. Im Halbdunkel versuche ich zu zählen, wie viele Ecken und Verstecke es hier gibt, wie viele Nischen, um jemanden ungesehen zu beobachten, wie viele verborgene Winkel für zwei, wie viele Ruheplätze für Verzweifelte – ich gebe auf. Es existieren tausend Bühnen in dieser Kirche, wahrhaftig ein wunderbares Herzstück für Geschichten von Schuld und Sühne.

Auch Muriel Sparks Personen, der flüchtige Ehemann, die dümmliche Geliebte, der kaltherzige Liebhaber von Damen und Herren, die Emigrantin, der schon zitierte Kosmopolit: Sie alle treffen immer wieder in der Nähe dieser magischen Kirche zusammen und können sich ihrem Bann nicht entziehen. Es mischen sich, ganz wie im Leben, Fremdheit und Zugehörigkeit, und Muriel Spark führt vor, wie die scheinbar borniertesten und spießigsten Protagonisten von der Stadt verändert werden, unmerklich venezianisiert, ihr Intrigenspiel verfeinert sich, die Manieren gleichen sich der Eleganz der Stadt an. Diese Eleganz ist selbst in den stillen und kleinbürgerlichen Gassen der Pfarrei zu spüren, sie ist das Gegenteil von Ordnung oder Suche nach Wirkung. In den Gesichtern der Hausheiligen, in jeder Fensterumrahmung, jedem abgeblätterten Mauerstück, in den ausgetretenen Marmorstufen der kleinen Brücken nistet dieser Gleichmut, der auch unempfindliche Besucher gleichzeitig herausfordert und lähmt. Die Schönheit des Flickwerks, des

Provisoriums im unerschütterlichen Glauben an die Ewigkeit des Ganzen: »Die Frage, was dagewesen war, bevor die Bretter gelegt wurden, hätte jedem Architekten Kopfzerbrechen bereitet; das Gebäude war wenigstens drei Jahrhunderte alt, und die Dielen selbst sahen aus, als hätten sie mindestens schon zehn Jahre dort gelegen; und wie das überhängende Zimmer, in dem Lina Pancev wohnte, dem Gesetz der Schwerkraft so weit widerstand, daß es seinem Zweck entsprechen konnte, hatten vielleicht nicht einmal die ursprünglichen Erbauer gewußt.« Es hat sie wahrscheinlich auch nicht gekümmert, ebensowenig wie die Erbauer der Kirche, deren Inneres ein Irrgarten und gleichzeitig ein vollkommen transparenter Ort ist. Irrgarten und Durchsichtigkeit gibt es hier immer zusammen, das macht so süchtig. Wie klein der Bereich auch sein mag, den man für sich erobert zu haben glaubt – kaum vierundzwanzig Stunden später erkennt man ihn nicht wieder, er hat Farben und Perspektiven gewechselt, Brücken sind plötzlich woanders, ein nie gesehener Löwe schaut aus drei Metern Höhe auf einen herunter, für alle Zeiten geschlossene Eingänge öffnen sich. Aus Biedermännern und -frauen werden janusköpfige Rätselwesen, Täter und Opfer sind nicht mehr ohne weiteres voneinander zu unterscheiden.

Meisterhaft schürft Muriel Spark die glatten Oberflächen ihrer Geschichte auf, schält immer neue Untergründe hervor, ohne je wirklich auf einen verläßlichen Kern von Wahrheit oder gar Gerechtigkeit zu kommen. Was wie eine banale Eifersuchtschoreographie beginnt, erweist sich als tiefverästeltes Gewirr aus Besatzungszeit und Kollaboration, Feigheit und Habgier. Auf dem scheinbar unveränderbaren Hintergrund des Campo Santa Maria Formosa leuchten die Farben menschlicher Niedertracht besonders intensiv.

Gleichmütig schaut Vivarinis Gnadenreiche von der Mitte des Triptychons, friedlich und schützend wölbt sich ihr mütterlicher Bauch unter dem leuchtendroten Tuch des Kleides. Die Kirche ist die Heimat der schönen Madonnen, Tiepolo, Palma der Jüngere, Palma der Ältere, Bellini-Schule, Cignaroli – strenge und liebliche Gesichter, freundliche, verzeihende, aber auch gleichgültige. Noch kann man ihnen echte Kerzen opfern und muß nicht sein Hundertlirestück zur kurzfristigen Erleuchtung eines Glühbirnchens benutzen. Meine Lieblingsmadonna ist eine kleine ikonenartige Dame unter Glas, die mit realem Schmuck etwas zigeunerhaft behängt ist und schriftlich als besondere Fürsprecherin der Studenten ausgewiesen wird. Sie soll herzeigen, daß es sich lohnt, wenn man sich vom Studium nicht ablenken läßt, weil man es danach zu etwas bringen kann.

Es ist ausnahmsweise leer in der Kirche, außer dem grämlichen Füßeschuffeln des Küsters ist nichts zu hören. Aber dann naht die Musik, mächtig und fröhlich, draußen auf dem Kanal schiebt sich eine vollbesetzte Gondel vorbei, und der Gondoliere singt die Kirche voll mit seiner Reverenz, *Santa Maria* singt er, bei allem, was mir heilig ist! So ziehen alle vorbei, Fremde und Einheimische, und die Geschichten haben kein Ende, sie hören nur manchmal auf, um Minuten oder Jahrzehnte später neu zu beginnen. In Muriel Sparks Roman bleichen die Geheimnisse im Halbdunkel, nichts wird gelöst, nichts gerächt, nichts beendet. »Sie hatten stets in der PENSIONE SOFIA zu tun, ob sie sich nun um ihre Gäste kümmerten, die zu allen Jahreszeiten anreisten, oder ihre Rosen im Garten pflegten, während jenseits der Mauer das Wasser der Kanäle sanft plätschernd die Ufer umspülte, die Paläste Venedigs in majestätischer Würde herabblickten und die Mosaiken in Geduld verharrten, so wie sie, Stück für Stück, gelegt worden waren.«

Mit Thomas Mann

Auf dem Lido dürfen Autos fahren. Wie hat man sie je ausgehalten, ihren vulgären Krach, ihre abscheulichen Gerüche? Drei ganze Tage drüben in Venedig hat es gedauert, daß man sich akustisch ans vorige Jahrhundert angeglichen hatte, zunächst erstaunt über die Fülle der Geräusche, die plötzlich in die entzückten Ohren gerieten, Kanarienvögel und Wäscheflattern, Wasserschmatzen und mittägliches Vibraphon der Bestecke und Gläser, Lieder von Liebe und Zorn, Kindergickern, Espresso-Maschinengefauche, die ganze schöne Alltagspartitur, die anderenorts längst von den Autos zum Schweigen gebracht worden ist! Aber jetzt, auf dem Lido: Da ist er wieder, der Krach, und man ist ganz beleidigt.

Es gibt auf dem Lido Tankstellen und Parkplätze, Polizisten und Strafzettel, Verbots- und Gebotstafeln, die Ordnungsbemalung der Straßen und überhaupt: Es gibt Straßen! Ohne sie war das Leben doch ganz anders geworden! Es gibt aber, wie jeder weiß, auch einen Strand am Lido, denn auf geheimnisvolle Weise ist die Lagune auf der Venedig zugewandten Seite tabu, auf der Strandseite, der abgewandten, auf dem Lido benimmt sich alle Welt, als sei das Meer so glasklar und sauber wie es die Fremdenverkehrsämter alljährlich mit dem Beginn des Sommers von willfährigen Untersuchungsinstituten verbreiten lassen. Wie gut, daß es sie gibt, denn die üblichen Untergangspropheten würden hier nur albern wirken. Man setzt auf die Szenerie der Jahrhundertwende: blaue Badehüttchen und allmorgendlich frisch gebügelten Sand, ein wenig aktualisiert mit buntem Stretch und ortsunüblichen, indessen aber internationalen Speisen.

Gustav Aschenbach, seit seinem fünfzigsten ›von Aschenbach‹, »gedachte am Meere Wohnung zu nehmen«. Er spürt gleich, daß damit eine kleine Finsternis, eine Gefahr, etwas Unwägbares und Unheimliches verbunden ist, denn er gerät an einen Gondoliere, düster und betrügerisch, der ihm ein wenig Furcht einflößt und ein plötzliches, nur angedeutetes Ahnen. Thomas Mann gibt seinem melancholischen Helden, wir wissen es, ein paar Dämonen mit auf seinen Weg von München nach Venedig, zum Lido, in das seltsam kränkliche und bedrohte Badeleben. Es gibt sie noch immer, die Dämonen, auch wenn sich die Statisterie insgesamt vergröbert hat, keine Sonnenschirmchen mehr über elfenbeinerne Gesichter gehalten werden und das Wort »Badekleidung« einem angesichts der jetzigen Strandkostümierungen nicht über die Lippen kommen würde.

Es scheint, als ob die *morbidezza* dem Fortschritt nicht hätte standhalten können – aber gemach. Es ist alles Nötige noch da, nur die Insignien haben sich ein bißchen geändert. Die Allee, jener Boulevard, der den Lido bis zum Strand hin durchläuft, ist gewiß noch immer weißblühend. Eine Mischung aus billigem Krempel und sehr teurem Schund wird dort verkauft, die Wünsche der Reichen und der Armen haben sich formal angenähert und können unschwer befriedigt werden, nur die Materialien sind ein bißchen unterschiedlich. Dessous oder Schuhe, Schmuck oder Delikatessen – es gibt alles in allen Preisklassen, und ob das Hundehalsband mit echten oder gläsernen Diamanten besetzt ist – wen kümmert das schon.

Es gibt die Russenfamilien, der Vater in zu engem italienischem Jackett, die Mama könnte die Tochter sein und blinkt und blitzt weithin wie eine Wunderkerze, und die Kinder maulen und werden von einer Nurse, die eigentlich promovierte Ärztin ist (hört man) halbherzig gezähmt. Es gibt auch die armselig alternden geschminkten Dämonen noch, die den Tod in Venedig begleiten.

Der Lido ist eine trügerische Insel. Man findet oft an jenen Orten, die vom Tourismus fast völlig versiegelt sind, Barbarei und Armut in unmittelbarer Nähe, in einer vertikalen Nähe, nicht in der Nachbarschaft. Das war an der Côte d'Azur oder der Costa Smeralda nicht anders – unmittelbar auf ärmstes mittelalterliches Bauernleben folgten die schönen Häuser der Nichtstuer und auf diese Residenzen fürs demokratisierte Nichtstun. Der Boden an solchen Orten ist unsicher, die Muße bekommt eine kränkliche, unangenehme Farbe – niemand hat das so beklemmend schön beschrieben wie Thomas Mann, der seine Geschichte von Täuschung und Sehnsucht, »Schwermut und Schminke«, eben nicht in Venedig ansiedelt, sondern auf dem Lido, die Stadt des Alters und der verdächtigen Dämpfe zwar immer in Sichtweite, aber eben doch an diesem Ort der vorgetäuschten Heiterkeit.

Der Amerikaner William D. Howells hat 1866 sein unzählige Male nachgedrucktes Buch *Leben in Venedig* veröffentlicht. Auch den Lido beschreibt er, den er mit seinem Freund der Länge nach durchwandert hat, und wir haben die arme, sandige Insel vor Augen mit ihrem kränklich aufgeschossenen Getreide, den schütteren Schilfmatten, die die Anpflanzungen vor den Schweinen schützen sollen, und einer Szenerie von kopflosen Steingöttinnen und sich lausenden entlassenen Soldaten. Mit der neugierigen Mitleidlosigkeit des Amerikaners sagt er über das Dorf Malamocco, daß »seine wichtigste Tugend darin bestehe, daß es dich nicht lang festhalten kann«.

Schon hatten einzelne Reiche die Annehmlichkeiten des sauberen blauen Meeres entdeckt, und ihre Häuser wuchsen mitten im armseligen Getreide.

»Ich will also bleiben, dachte Aschenbach. Wo wäre es besser? Und die Hände im Schoß gefaltet, ließ er seine Augen sich in den Weiten des Meeres verlieren, seinen Blick entgleiten, verschwimmen, sich brechen im eintönigen Dunst der Raumeswüste. ... Am Vollkommenen zu ruhen ist die Sehnsucht dessen, der sich um das Vortreffliche müht.«

Vielleicht ist es dieser Satz, der dem berühmten Filmkritiker durch den Kopf geht, wenn er bei den Filmfestspielen von Venedig die aufgeregte Menge flieht und sich, wie Reisende berichten, stundenlang still, vollbekleidet mit seinem staubschwarzen Anzug, in dem man ihn auch zu Hause kennt, dem Meer zuwendet. Nur die Schuhe soll er ausgezogen haben, heißt es, andere behaupten, auch diese nicht.

Seltsame, trügerische Insel mit ihren hübschen Spuren der Vergangenheit, die sich jedem freundlich anbieten, ihrer Schäufelchen- und Eimerchen-Idylle und dem tröstlichen Geräusch vorbeiflitzender Motorräder.

Ich habe dem Lido nie ganz vertrauen können, das rächt sich. An einem sehr stillen schönen Abend war ein Konzert in der Kirchenruine angesagt, *1812* von Tschaikowsky, ein nicht sehr passendes, ein wenig heftiges Werk. Aber wir hatten es uns schön gedacht, mit dem Vaporetto gemächlich der Musik entgegenzufahren, ein wenig spazierenzugehen, Wein zu trinken und in der Ruine mit anderen zusammen den prachtvollen Radau zu hören. Das Ganze versank in einem wahren Inferno, ein Gewitter, wie ich es in Venedig noch nie erlebt hatte, fetzte über die Insel, haute dem Orchester den roten Samt der Podiumsverkleidung um die Ohren, ersäufte Geigen und Damenhüte und ließ eine vor Kälte zitternde Herde Zuhörer und Musiker ratlos über die ausgestorbene Insel irren. Wie weit, wie weit war Venedig plötzlich weg, die verläßliche Stadt mit ihrem schönen Hotel und den freundlichen Cafés, in denen man jetzt etwas Heißes hätte trinken können.

Irgendwann kam ein klappriger Bus, der bei weitem nicht für alle Platz bot, weshalb wir begannen, uns ganz gräßlich zu benehmen, nur um von der Insel wieder wegzukommen.

Der Himmel war quittengelb, ein höhnisches Gelb, das man sich tags drauf schon nicht mehr vorzustellen vermochte. Es war schön und still, als wir eine Woche später noch einmal zurückkehrten, um die alten jüdischen Gräber zu suchen. Auch die Protestanten hatte man früher auf dem Lido begraben, in unheiliger Erde. Aber wir haben die Gräber nicht gefunden.

Mit Annunziata X.

Jeden Morgen liegen mehr Konfetti auf den Brücken, als hätten in der Nacht verschiedene Karnevalskämpfe stattgefunden, heimlich, weil überall noch die Weihnachtsdekorationen hängen. Die Prokurazien sind ganz in vertrocknetes Tannengestrüpp gehüllt, aber der Boden ist bunt gesprenkelt.

Die Frau, die ich für mich seit vielen Jahren Annunziata nenne, kommt aus ihrem Laden und entfernt die Konfetti. Sie ist die einzige, die das tut. Ihren Laden kenne ich fast zwanzig Jahre, ich habe seine Veränderungen gesehen. Sie selbst hat sich kaum verändert, nur ein bißchen eingetrocknet ist sie, aber sie war schon ganz jung ein spätes Mädchen und ist es geblieben.

Mitten auf der Touristenmeile liegt ihr Laden, der eigentlich ein Haushaltswarengeschäft war, mit Sieben und Nudelzangen und allerlei vernünftigem Geschirr, vor allem aber mit venezianischen Glaslampen, die man früher für billiges Geld kaufen konnte. Sie bestehen aus einer verschnörkelten Drahtkonstruktion, in die das heiße Glas so hineingeblasen wird, daß ein morulaähnliches Gebilde entsteht, wie eine gläserne Zellteilung. Sehr hübsch, vor allem, wenn man sie in dichte blühende Hecken hängt, an der *Taverna Fenice* zum Beispiel.

Es sind Sommerlampen, simple Gebrauchsgegenstände, dreißig oder vierzig Mark hatten sie gekostet, und meine erste kaufte ich an einem schönen, warmen Abend bei Annunziata. Sie war von ernster Freundlichkeit, sehr zurückhaltend und trug einen jener mattschwarzen Ladenkittel, die man nur noch aus historischen Filmen kennt, mit einem festen Gummi um die Handgelenke, der auf ihrer Haut rote Riffeln hinterließ. Es muß ihr furchtbar heiß sein, dachte ich damals, aber das gehörte zu ihrer Ernsthaftigkeit, daß sie es sich unbequem machte. Der Laden war ziemlich groß und ein wenig höhlenartig, wie viele der alten Geschäfte, ich stöberte ein bißchen herum und fand schöne alte Gebrauchsgegenstände aus der Vor-Designzeit, eine Augenweide und gut handhabbar dazu. Am liebsten hätte ich damals einen ganzen Hausstand eingekauft, aber die Sachen waren zu unhandlich, und so versuchte ich, ein bißchen mit ihr zu reden, während sie aus meiner Glaslampe ein wundervolles Päckchen machte. Sie sprach langsam und gaumig, etwas in ihrem Gesicht irritierte mich. Später bemerkte ich, daß es ein Fleck in ihrem Auge war, eine Pigmentveränderung, die ihrem Blick etwas Seeräuberhaftes gab, was überhaupt nicht zu ihr paßte. Bis auf diesen Fleck war sie das Urbild einer ältesten Tochter, mit jener unauslöschlichen Besorgnis im Blick.

Während wir uns unterhielten, drehte sie sich mehrmals um und schaute hinauf zur Decke des Ladens, wo fast ganz oben zwei Portraitphotos aufgehängt waren, offenbar ihre Eltern. Es waren zwei ernst und ergeben blickende ältere Leute, der Vater mit finsterem Garibaldiblick und Schnauzbart über hohem Kragen, die Mutter mit um den Kopf gelegten dünnen Zöpfen und schweren Augenbrauen, sepiabraune Bilder mit schwarzen, breiten Rahmen, um die jeweils in der äußeren Ecke ein Trauerflor gebunden war. Wie ein mürrisches Engelspaar bewachten die beiden Alten ihre Tochter, die sie sicher versucht hatten zu verheiraten, bevor sie sich ihrer als Helferin und Pflegerin bemächtigten. Natürlich dachte ich mir das alles aus, denn die Miene Annunziatas hätte irgendwelche persönlichen Fragen nicht zugelassen, ich hatte auch mehr Freude daran, mir ihre Geschichte oder ihre Geschichtenlosigkeit selber zusammenzureimen. Gar zu lang konnten die Eltern noch nicht tot sein, denn sie versicherte sich ihrer Gegenwart noch zu oft, die Bilder waren noch nicht Teil des Interieurs geworden, sondern Trost und Gesellschaft.

Warum ich sie Annunziata genannt habe? Sie erinnerte mich an die Älteste von Werfels *Geschwistern von Neapel*, auch so eine Insel der alten Zeit, zerbrechlich und gefährdet. Ich hätte damals keine Wette auf den Bestand des Haushaltsladens abgeschlossen, der sich inmitten von teuren Designertaschen, Flitterwochendessous und allen gläsernen Monstrositäten von Murano bis Hongkong ein bißchen merkwürdig ausnahm.

Aber sie blieb an der Stelle, die ihr gehörte, und ich freute mich jedesmal, ihr und ihrem seltsamen Blick wiederzubegegnen. Nie ließ sie erkennen, daß sie sich an mich erinnerte. Ich versorgte alle Leute mit venezianischen Glaslampen und führte einen bekümmerten Dialog mit Annunziata, als sie sie eines unseligen Sommers plötzlich auch in rosa und blau anbot. Das werde verlangt, das sei doch hübsch, es mache das Licht weicher. Natürlich waren mir auch andere Veränderungen aufgefallen, die Schneebesen mit den unlackierten Holzgriffen und den blanken Drahtschlingen waren ebenso verschwunden wie die Suppenkellen aus weißem Email mit blauen Rändchen. Auch den traurigen Kittel trug sie nicht mehr, sondern Faltenröcke, gemusterte Pullover und Seidentüchlein. Die Gebrauchsgegenstände aber waren nicht etwa durch solche aus Plastik ersetzt – darüber hätte man kein Wort zu verlieren brauchen –, sondern sie waren ganz verschwunden, und an ihre Stelle hatten sich phantastische bunte Keramikgegenstände gesetzt. Ich sage Gegenstände, weil ihnen weder Funktion noch Verwendungszweck ohne weiteres anzusehen waren. Riesige Kürbisse, die sich als Bowlenschüsseln herausstellten, Tomaten und Paprika mit Löchern für Salz und Pfeffer, breite, grüne Bündel aus Spargeln, auf denen Spargel serviert werden sollten. Hohle Fische, beleuchtbare Tulpen. Meine Lampen in Babyfarben. Natürlich wäre es mir lieber gewesen, ich hätte Annunziata für ihre heroische Kapitulation vor dem furchtbaren Geschmack der Touristen bedauern können – etwa, als hätte sie die puristische Schönheit und klare Brauchbarkeit des elterlichen Warenangebots bis zuletzt verteidigt: Aber da war nichts dran. Sie liebte dieses neue Zeug in ihrem Laden, es war völlig unnütz, also Symbol wahrhaft guten Lebens. Ich glaube, daß sie sich endlich diesem Teil der Welt, der vollgestopften Gasse des allerinnersten, allerfeinsten Venedig zugehörig fühlte. Sie hatte sich Zeit gelassen und schaute nicht mehr in ihren Ladenhimmel, in dem Mama und Papa nichts mehr zu sagen hatten und ratlos an ihren grau gewordenen Trauerfloren schwebten, während sich zu ihren Füßen ein Meer bunter Keramik ausbreitete.

Man gibt es als Fremde ja nie auf, sich bei sogenannten Einheimischen einzuschmeicheln, damit man so tun kann, als kenne man die Mauern der geliebten Stadt auch von innen – nicht das, was sie einem ohnehin kampflos überlassen, die Museen und Kirchen und Galerien und wovon die Eingeborenen zu Recht denken, das sei grade genug – nein, man macht lange Hälse und streckt sie in die dunklen Häusereingänge mit den eisernen Waschbecken auf dem Treppenabsatz und dem Geruch nach ganz alten Küchen. Man hält sich etwas drauf zugute, daß man einen Blick auf Paradekissen aus rosa Nylon hat werfen können oder in den Herrgottswinkel, wie immer den man auf italienisch nennt.

Ich habe, was Annunziata betrifft, nur mit Mühe diesen ekelhaften Impulsen widerstehen können. Sie wohnt in der Nähe ihres Ladens, ich habe sie das Rollgitter herunterlassen sehen und bin ihr die paar Schritte nachgegangen zu einer kleinen Tür, die sie aufsperrte. Man sieht in dieser Gegend Venedigs vor lauter Schaufenstern kaum die Eingangstüren, sie sind nur ganz schmale Menschenschlitze, in die man sich mit zur Seite gedrehten Schultern schiebt. Ich wollte unbedingt wissen, ob sie in den Ehebetten der Eltern schläft? Was sie sich abends kocht, ob sie Wein trinkt? Welche Sendungen sie sieht? Wahrscheinlich ist sie die einzige echte Venezianerin, die ich kenne. Sie würdigt die Stadt keines Blickes, sie schaut nicht hoch zu den steinernen Dämonen und den alten Schmiedeeisenschildern, auf dem einen steht noch in Deutsch HUTFABRIK aus österreichischen Zeiten.

Ob sie im Sommer zum Lido hinüberfährt und sich angezogen auf ein kleines Segeltuchstühlchen in den Sand setzt? Vielleicht hat sie seit langem einen Geliebten, einen Verheirateten, der sich von dem verwegenen Fleck in ihrem Auge hat betören lassen. Geht sie dann beichten?

Am nächsten Tag sagt sie, daß sie mir extra eine Glaslampe zurückgelegt habe, so eine langweilige weiße. Die werden ja nicht mehr so viel verlangt, aber dafür kosten sie jetzt hundertfünfzigtausend Lire.

Mit Joseph Brodsky

Eines Tages beschloß meine Freundin Sophie B., nach Venedig zu fahren und sich dort nach angemessener Bedenkzeit das Leben zu nehmen. Ich will vorausschicken, daß sie mir diesen Plan mehrere Monate später ziemlich munter und etwas verlegen erzählt hat, so daß bei dieser Geschichte kein Tod in Venedig zu erwarten ist – diesen Ansatz, sich stilvoll vom Leben zu verabschieden, wiederholt man auch nicht.

Sophie fuhr im Januar. Sie ist eine jener sehr schönen Frauen, die schon früh vor dem Spiegel auf Spurensuche gehen und ihre Liebhaber dadurch verschrecken, daß sie etwas Gewesenes anbeten sollen und nicht das, was da ist. So krochen die Männer nach kurzer und ehrlicher Anstrengungszeit aus Sophies Leben, lang blieb keiner mit ihr zusammen, und keiner lernte sie wirklich kennen: eine ausgesprochen freundliche Person, die gern und ausgezeichnet kochte und auch lachen konnte, wenn es ihr gelang, ihre Schönheit für kurze Zeit zu vergessen. Also: Venedig sollte die Endstation sein, aber beeilen wollte Sophie sich nicht.

Spät fiel ihr auf, daß sie ihren Plan würde überdenken müssen. Entweder, sie entschloß sich schnell und verbrachte ihre letzte Zeit standesgemäß, dann durfte sie nicht lange dauern, die Abschiedssinfonie – oder sie machte gewaltige Abstriche bei ihren Stil- und Ambientevorstellungen, mietete sich in einer billigen Pension ein und streckte so ihre Bedenkzeit. Leider – oder Gott sei Dank – waren ihre Mittel begrenzt, und drei Wochen

Danieli hätte sie einfach nicht bezahlen können – es ging ja nicht an, daß man dem kreditverweigernden Banker das baldige Ableben in Aussicht stellte.

Joseph Brodskys schönes Buch *Ufer der Verlorenen* war damals leider noch nicht erschienen, es wäre das passende Vademecum zu einer traumverlorenen Reise ans eigene Ende gewesen.

Die Stadt aber tat für Sophie, was sie konnte. Sie verhüllte bald ihre Niederungen, bald die höchsten Türme mit dickem, silbernem Nebel, in den die rosa Laternen kleine Löcher stachen, Hochwasser leckte über die Steine des Markusplatzes, und eines Morgens war die ganze Stadt in dünnes Eis wie in Glas gehüllt. Natürlich fuhr Sophie nach San Michele, denn mit einem Plan wie dem ihren im Leib schreckt man vor nichts zurück. Die Zypressen dort waren nicht mehr schwarz, sondern weiße Straußenfedern, rauhreifverpackt. Eine Totenbarke kam über das unbewegte Wasser, die einzigen Farben auf der Welt waren die der Blumenkränze, mit denen ein zweites Boot überhäuft war.

Indessen hatte Sophie Venedig und ihrem Leben schon eine ganze Woche abgetrotzt, sie hatte ein billiges Zimmer in der Nähe des Arsenals gefunden und wurde von Tag zu Tag neugieriger, welche ungeahnten Tiefen der Melancholie ihr die Stadt noch zu schenken wußte. Die Gründe, die sie an das Ende ihres Lebens hatten denken lassen, kamen ihr immer unscheinbarer vor, so, als könnten sie mit der Pracht des Unglücks, das andere in Venedig gefunden hatten, nicht konkurrieren.

Joseph Brodsky weiß, warum er die Stadt der Städte nur im Winter besucht. »Im Winter erwachst du in dieser Stadt, vornehmlich am Sonntag, beim Läuten unzähliger Glocken, als vibriere hinter deinen Gazevorhängen ein gigantisches Teeservice aus Porzellan auf einem silbernen Tablett im perlgrauen Himmel. Du reißt das Fenster auf, und das Zimmer wird im Nu von diesem geläutbefrachteten Dunst draußen überflutet, der zum Teil aus Sauerstoff und zum Teil aus Kaffee und Gebeten besteht. Unabhängig davon, welche Art von Tabletten und wie viele du an diesem Morgen schlucken mußt, du hast das Gefühl, daß für dich noch nicht alles vorbei ist. Unabhängig davon, wie autonom und wie sehr du verraten bist, wie gründlich und entmutigend deine Selbsterkenntnis ist, du nimmst aus demselben Grund an, daß es noch Hoffnung für dich gibt oder zumindest eine Zukunft.«

Auch wenn wohl das wundervolle Bild des gigantischen, klingelnden Teeservices in Sophies einfacherem Gemüt nicht auftauchte, sah sie das Pathos der winterlichen, offenbar für sie allein arrangierten Bilder. Niemand störte sie, wenn sie stundenlang hinter einem Campari-Soda in einem der wenigen geöffneten Cafés saß und auf die vereiste Gondelherde schaute, die sich leise aneinander rieb und schaukelte.

Die wenigen Männer, die mit hochgekrempelten Rollkragen und dicken Mützen am Ufer entlangliefen, schauten sie zwei- oder dreimal an, manche verhielten sogar den Schritt und grüßten. Sie hatte in dieser trostlosen, aber interessanten Woche abgenommen und auf Kreditkarte in einem kleinen Laden nahe dem Ospedale einen orange-gelb und rot gemusterten Schal gekauft. Der erinnerte sie an einen Sommersonnenuntergang und rief jenen wenigen Menschen, die ihr begegneten, den nahenden Karneval ins Gedächtnis, was sie zum Lächeln brachte.

Sachte verlor das Alter seinen Schrecken, denn Sophie blieb der Anblick junger Leute erspart, unter den Januargästen war sie sogar eine der jüngsten. Brodsky beklagt, an seinem *Ufer der Verlorenen* wandelnd, ein wenig uncharmant den Anblick ergrauter Romeos und postklimakterischer Julias in den Gondeln, weil die für junge Leute viel zu teuer seien. Ich denke, das ist nur ein Teil der Wahrheit, denn für zwei Popkonzertkarten könnte man sich allemal eine Gondelfahrt leisten. Aber wozu? Was ist gegen alte Liebespaare zu sagen, für die die Stadt wie geschaffen scheint? »Wir alle hegen alle möglichen Bedenken hinsichtlich der Mängel in unserem Erscheinungsbild, ja, der Unvollkommenheit unserer Gesichtszüge selbst. Was man in dieser Stadt auf jeden Schritt, bei jeder Abzweigung, Perspektive und Sackgasse sieht, verschlimmert die eigenen Komplexe und Unsicherheiten ... Die umgebende Schönheit ist so beschaffen, daß man nahezu unmittelbar ein animalisch-unlogisches Verlangen verspürt, ihr nicht nachzustehen, sondern wie sie zu sein.«

Warum ist das Verlangen unlogisch? Es ist im Gegenteil ein Ziel, aufs innigste zu wünschen, und nichts erbittert mehr als der Anblick jener, die dieses Verlangen nicht haben. Man trifft sie unbegreiflicherweise auch in Venedig, aber kaum im Januar.

Sophie dachte nur noch selten an ihren Lebensüberdruß, den sie in der Wasserstadt aufs schönste gespiegelt fand. Sie überschlug, wieviel Zeit sie sich von ihrem verbliebenen Geld noch kaufen konnte, gleichzeitig verdroß sie der Zwang zum Sparen, den sie als unpassend und Venedigs unangemessen empfand. Sie beschloß, wenig, aber nur Luxuriöses zu unternehmen. Die Herausforderungen hielten sich in bezahlbaren Grenzen, Spaziergänge, auf die sie sich zu Hause niemals einließ, wurden ihre Lieblingsbeschäftigung, denn am Ende jedes Weges entdeckte sie eine winzige Heimstätte, in der sie ein bißchen reden und sich wärmen konnte. Manchmal war das eine kleine Bäckerei, manchmal eine Trattoria, gelegentlich auch eine bescheidene Kirche oder eine der wenigen geöffneten Galerien. Die Menschen dort schienen sie zu brauchen, stellte sie überrascht fest, und zum erstenmal kam ihr der Gedanke, daß dieser Stadt die jahreszeitlich erzwungene Einsamkeit genauso zusetzte wie ihr die vermeintlich biologisch bedingte. Venedig hatte, dachte sie, Entzug. Und sie war zornig über das Geplapper von der Ruhe, die die Stadt brauche, und von der notwendigen Erholung. Das stimmt überhaupt nicht, dachte sie, und sie glaubte zu spüren, wie die Stadt sich mit ihren Millionen Schönheiten und ihren eisigen Reizen förmlich auf sie stürzte und sich vor ihr ausbreitete. Das rührte sie, und sie murmelte manchmal kleine Gruß- und Trostworte für die steinernen Engel und Dämonen, die sie dringlich anzustarren schienen.

Als sie ihre Rückfahrt schon gebucht hatte, sah sie auf einem ihrer letzten Spaziergänge plötzlich eine gefrorene rote Fahne an einem verwitterten Palazzino. Hammer, Sichel und Stern, blaß und müde, aber stolz, hielten sie eine verborgene kleine Bastion der KPI. Sophie fing an zu lachen und konnte lang nicht mehr aufhören bei dem Gedanken, daß Venedig nicht nur ihr noch ein Stück Leben geschenkt hatte.

Mit einem Maler aus Ferrara

Manchmal ist auch in Venedig Museumswetter. Und welches Museum grade das nächsterreichbare ist, bestimmt der Zufall und jenes Sich-treiben-Lassen, an das man sich so leicht gewöhnen konnte, weil die Stadt Eile einfach nicht zuläßt. Kann man sich einen vorstellen, der durch die Gassen rennt? Höchstens ein Dieb oder ein sehr Verliebter! Man kann auch weder zum Gondoliere noch im Wassertaxi sagen, geben Sie mal Gas, und der Vaporetto zieht sowieso gemächlich seines Wegs, laut klappernd, hinüber und herüber, im ewigen Zickzack. Eile ist also aus dem Leben verschwunden, und so sieht man den Regen über den Markusplatz stäuben und geht nach einem Blick hinauf die Treppen hoch ins *Museo Correr*, nicht ahnend, daß man lange Zeit darin verbringen wird, gleichsam zweimal die Längsseite des großen Platzes abmessend und mit den ungewohnten Blicken von oben herunter auf die Tauben- und Menschenschwärme. Das *Museo Correr* erzählt Saal um Saal die stolze und schmerzensreiche Geschichte Venedigs, aber der Besucher muß zur Kenntnis nehmen, daß wenig Leute davon wissen wollen. Nur noch hier oben kann man sehen, daß die Serenissima eine Weltmacht war und nicht nur zum Entzücken der Menschen, die aus häßlichen Städten kommen, gebaut worden ist. Die meterhohen Spiegel im Foyer des Museums sind vollkommen blind, mit schwarzen Quecksilberflecken. In den prachtvollen Sälen sind nacheinander Beweise der Größe angehäuft. Militärische Größe und wissenschaftliche, religiöse und künstlerische, lauter weggerutschte Bedeutungen sind hier ein für allemal zusammengetragen und bedrohen niemanden mehr. Am besten ist es, man sieht sich erst einmal ein paar Menschengesichter an, die man sich vertraut macht, damit einen die anderen Schätze nicht langweilen. Die mittelalterlichen Köpfe, nach italienischer Art auf Staffeleien dem Betrachter dargeboten, setzen die Phantasie freundlich in Gang. Die meine wird besonders vom *Profil eines jungen Mannes* von etwa 1450 angeregt, das wir einem unbekannten Meister aus Ferrara verdanken. Es ist ein kleines Bild und viel weniger spektakulär als die schönen venezianischen Damen mit ihren sehr nackten Gesichtern und geschlitzten Augen unter den perlenbesetzten Hauben. Man kennt sie von zahllosen Reproduktionen, ein halbes Jahrhundert lang hingen sie ohne Zahl in den bürgerlichen Schlaf- und Wohnzimmern. Sie sind kostbar und ein bißchen fremd anzuschauen mit ihren langen Hälsen und abweisenden Blicken, mein junger Mann hingegen könnte mein Nachbar sein: sachte mißtrauisch, was die großen Zeiten angeht, aber doch auch neugierig auf das, was kommen soll. Er sieht aus wie die Jungen in den siebziger Jahren, glattes, dunkles Haar und ein bißchen hochmütig – es ist gar keine Entfernung zwischen mir und ihm. Das *Museo Correr* ist eine üppige Stiftung, und die Räume sind ein wunderbarer Aufbewahrungsort für die Zeugnisse venezianischer Größe – und trotzdem hat das ganze eine Dornröschenmürrischkeit, etwas leise Gekränktes, das allen geschichtlich mächtigen Orten anhaftet, die nur noch schön sein dürfen und deren Macht nicht einmal mehr als Schatten existiert. In der Ecke eines Salons mit Stuck, Gold und Marmor haben sich ein Wächter und eine Wächterin zusammengetan, die träumerische Langeweile ihres Jobs hat sie wohl die Liebe zueinander entdecken lassen, und nun sitzen sie zusammen auf einem Wächterstühlchen und scheinen sich zu lausen vor Freude, sie krabbelt ihm zärtlich in den Haaren und hält ihm einen Taschenspiegel vor. Um sie herum sind Glanz und Macht in Gegenständen manifestiert, aber das kümmert sie gar nicht. Nicht die riesigen Schlachtenbilder, auf denen die Errettung aus mehr als einer Bedrohung des christlichen Abendlandes zu sehen ist, nicht die mächtigen Globen, auf denen die vier Winde die Backen aufblasen und Meeresungeheuer die Zivilisation bedrohen, nicht die Urkunden und gesiegelten Bullen, nicht die Portraits feister Wohltäter und magerer Gottesdiener. Ohne etwas zu sehen, sitzt ein anderer einsamer Wächter in einem von Waffen glitzernden Raum, ihn plagt wahrscheinlich der Gedanke an das Liebespaar, immer wieder springt er auf und hinter den hohen Flügeltüren hervor. Hellebarden und Lanzen, Wurfanker und Streitäxte, Kanonen und Vorrichtungen für Griechisches Feuer stehen gezähmt in einem Saal, der eigentlich für Bälle eher geeignet zu sein scheint mit seinen Paneelen und Lüstern. Darstellungen der Stadt zeigen das Bild des heutigen Stadtplans. Die Unveränderbare. Aber sie hat in der Welt nichts mehr zu sagen und muß nur noch ihre Schönheit herzeigen und einen Haufen Interpretationen über sich ergehen lassen. Hochzeitsreisen! Wer hätte davon hören mögen, ohne höhnisch zu lachen in der Zeit von Dogenmacht und Kampf mit den Genuesern? Man kann sich das große *Museo*

Correr aufteilen in viele verschiedene Museen, denn es gibt genügend Leute, die für das Martialische keinen Sinn haben und denen die Seeschlachten, Sextanten und Sturmlaternen, die so rührend und großartig aussehen – ich erinnere mich an eine verpichte Positionslampe, so groß wie zwei Menschen, ein Zeugnis mühsamster und beharrlichster Handwerkskunst –, einfach stumm bleiben. Das Großartige ist sehr schwer zu konservieren, zumal in einer Zeit, in der alle Leute sich abgewöhnt haben, zu fragen, wie etwas gemacht ist. Da könnte dieses große und würdevolle Museum viele Antworten geben, zum Beispiel, indem es hundertfünfzig Jahre alte Gondolierehüte zeigt, mit einem Flechtwerk wie Juweliersarbeit oder Seidentücher und Spitzen, deren Farben und Feinheit die Jahre nichts antun können. Auch Genrebilder vom venezianischen Leben gibt es, Markt und Fischfang, und immer wieder die Begegnungen mit den Portraits und Bronzen der einstigen Bewohner. Zwei komplette Bibliotheken mit himmelhohen geschnitzten Bücherschränken gaukeln eine Privatheit, ein nur kurzes Verlassensein vor; mit ihren Pergamentbänden, Lampen und Schreibtischen sehen sie aus, als könnte man sich unverzüglich an die Arbeit oder ans Vergnügen machen. Der Eindruck einer simulierten Belebtheit verstärkt sich, wenn man aus dem Fenster schaut und die Menge sieht, von den schwarzen Taubenscharen umgeben wie von Eisenfeilspänen, die sich bald um diesen, bald um den anderen Magnetpol ordnen. Die habe ich noch nie so gesehen, die sich unermüdlich neu formierenden Gruppen unten auf dem Platz. Es ist ein hochmütiger Blick aus dieser wundervollen Bibliothek heraus, hinter deren Kristallfenstern die literarischen und wissenschaftlichen Geheimnisse verwahrt sind, unzugänglich und sehnsuchterweckend. Saal um Saal folgen, immer parallel zum Platz, der sich in Erinnerung bringt mit seinen Portraitzeichnern, seinen Regenschirmverkäufern und der Dame mit dem Taubenfutter, die geduldig die Vögel wie Staub von ihrem Wägelchen wischt. Eine große Abteilung gilt den Dogen, ihrer Pracht und der Macht und ihren Begegnungen mit dem Volk. Wir sehen die merkwürdige Mütze, die Respekt, aber auch die typisch venezianische Spottlust herausgefordert hat, wir betrachten die alljährliche Vermählung des Dogen mit dem Meer, am Himmelfahrtstag, von *Bucentoro* aus, dem schwerfälligen Prunkschiff, mit dem seinerzeit der Doge Falieri fast im Sturm geblieben wäre. Da liegen die aus vergoldetem Holz gemachten Zeigehändchen, die man zur Stimmabgabe bei der Wahl des Dogen benutzte, seidene Tücher und Breviere und Zeugnisse der Inquisition – aber auch die alten Götter haben ihren Platz und halten ihn mit ihren schönen, hochmütigen Marmorgesichtern. Ach, und Canovas Sappho-Stele und der treue Hund aus Bronze und eine besondere Entdeckung: das originale Holzmodell vom Palazzo Venier, Peggy Guggenheims Palazzo – hier steht er in Schäferhundehüttengröße, minutiös aus Lindenholz mit allen Einzelheiten geschnitzt und gebaut, vier Stockwerke –, dagegen sieht das, was man realisiert hat, ein bißchen aus wie eine Käsescheibe. Es gibt eine wundervolle Abteilung über Gaukler, Zauberer und Akrobaten, Seiltänzer und Menschenpyramiden, und der Blick aus dem Fenster auf die mittelenglischen Gitarrespieler und den

Verkäufer beleuchteter Jo-Jos wird ein wenig wehmütig. Ein Museum vergangener Größe und Pracht, wie eine Straße in der Luft, immer an der Wirklichkeit entlang und doch weit von ihr entfernt. Für die Bilder im zweiten Stock muß es ein andermal regnen.

Mit Clarence

Man geht am besten frühmorgens zum Gottesdienst, damit es einem richtig schwerfällt und man sich zugehörig fühlen kann, vielleicht auch normal. Wenn man eine Kirche nur besichtigt und mit einem Buch hin- und hergeht, während auf den Bänken die Frauen knien und murmeln, hat man leicht ein schales Gefühl, so, als wäre man nur geduldet und gehörte nicht wirklich dorthin. Am deutlichsten wird einem das in Kirchen, in denen der Gottesdienst längst vor dem Tourismus kapituliert hat, man kennt das, die Leute essen und lachen und lassen die Kinder an den Abgrenzungsschnüren herumspielen. Keiner schaut auf die Schilder, auf denen steht, man möge ruhig sein und nicht mit nackten Beinen und Schultern herumlaufen.

Wenn das alles je auf eine Kirche zutraf, dann auf die Basilika am Markusplatz. Im Sommer denkt man manchmal, da könnte genauso gut ein Circuszelt stehen, sie sieht ein bißchen danach aus, nach Fahrendem Volk und Serail viel mehr als nach Heiligkeit. Ein Getümmel tobt auf ihr herum, Tausende von steinernen Geschöpfen wie in einer Momentaufnahme erwischt, grade gelandet und atemlos zur Ruhe gekommen. Menschen, Tiere und Dämonen. Ein Glück, daß der übrige Platz so streng ist und die Blicke zähmt. Von den Menschen, die sich die Basilika anschauen, denken wahrscheinlich nicht viele ans Beten. Nach einigen Minuten der Betrachtung und des vergeblichen Versuchs, an der Kirche irgendeine Gesetzmäßigkeit oder Ordnung zu finden, gerät man in eine sachte Betäubung wie beim Anblick eines sehr turbulenten Theaterstücks. Natürlich ist sie wundervoll, byzantinisch explodierend, verrückt. Die Geister schieden sich schon immer an ihr. Gottseidank ist seit Jahren immer ein Stück von ihr verpackt, so daß man seine Augen auf den Brettern ausruhen kann, denn es nützt nichts, einfach am Campanile hinauf in den Himmel zu schauen, um gelassen zu werden, der Himmel nämlich senkt sich und fällt wie ein dickes blaues Kissen auf die Dächer.

Einen »grillenhaften Koloß«, wie Gustav Ferdinand Kühne sie nennt, kann ich sie nicht finden, dazu ist sie einfach zu lustig. Schon vor Jahren hatte ich das mit der Frühmesse gemacht, damals wohnte ich auf dem Lido und kam in schwarzer Frühe herübergefahren mit ein paar alten Frauen und jüngeren Männern, die nicht nach Kirche, sondern eher nach *Partita Communista* aussahen. Ich hatte beschlossen, mir irgend etwas in der Kirche auszusuchen, das nur mir gehören sollte, etwas zum Wiedererkennen in späteren Tagen, eine Art Maskottchen, einen ruhenden Pol. Das wurde dann Clarence und ist es geblieben. Gewiß, die Kirche drängt einem in Überfülle ihre Wunder entgegen, und Clarence, über den ich in der Literatur nichts gefunden habe – ich habe auch nicht ernsthaft gesucht –, ist nicht naheliegend, aber man kann ihn nicht mehr vergessen. Man muß weit oben in die Mittelapsis schauen, da liegt er, der geflügelte Löwe mit seinem unnachahmlich glotzenden Schielen, durch all das Gold hindurch, das einen abzulenken versucht, dringt sein Blick in ewigem, äußerstem Erstaunen. Alles verschwimmt in dieser goldenen Rauchwolke, die Konturen und das Licht mischen sich bis zur Auflösung, die roten Lämpchen der Ewigen Lichter fachen kleine Höllenfeuer an, aber ihn irritiert das alles nicht. Seither besuche ich ihn und fange erleichtert und getröstet seinen runden Blick ein. Neulich fiel mir auf, daß er aussieht, als trüge er eine Brille.

Der Frühgottesdienst damals, mit dem meine Besuche in der Basilika anfingen, war von jener Schlampigkeit und Lieblosigkeit, die man sich nur leisten kann, wenn man sehr sicher ist, daß es Gott gibt, oder sehr sicher, daß es ihn nicht gibt. Agnostiker wären viel sorgfältiger bei Heiligen Handlungen als dieser müde Priester, der irgend etwas Liturgieartiges nuschelte und nur die Farce einer Messe zelebrierte. Clarence bestaunte ihn, wie er es jeden Tag tat. Sein Latein klang ulkig, und ich erinnere mich an eine belanglose, schüttere Musik. Dauernd ging jemand rein oder raus, und nur die alten Frauen blieben still wie schwarze Hügel, auf die das Gold herabrieselte.

Dieses Gold der Mosaiken ist oft beschrieben worden, »Traum aus Gold, Netze aus Gold, Geruch von Gold, Wellen von Gold« nennt es André Suarès, und »die Grundpfähle von San Marco müssen aus Gold sein, Wälder von goldenen Barren in die Lagune gepflanzt«. Das ist ein schönes Bild, aber ich kann es mir nicht recht vorstellen: Mir schienen diese goldenen Wände unablässig zu dampfen, ein deutlich sichtbarer, goldener Dampf, der sich langsam heruntersenkte. Eines Tages würde alles zu Dampf geworden und verschwunden sein.

Den vielzitierten Wohlgeruch habe ich aber nicht gespürt, wahrscheinlich sind einfach zu viele Menschen da, als daß es besonders gut riechen könnte. Das Wohlriechendste ist noch das amerikanische Sonnenöl, das sich mit dem goldenen Dampf vermischt.

Seltsamerweise hatte mich der nachlässige Frühgottesdienst vollkommen zufrieden gemacht, nicht nur wegen der Entdeckung Clarences, der mir diesen verrückten Ort mit seinen Täuschungen und seiner sich jedem anbietenden Pracht zu einem vertrauten Ort gemacht hatte, sondern wegen des Gefühls der Ordentlichkeit. Wahrscheinlich ist es das, weswegen die alten Frauen so zäh sind und so viel aushalten können – weil sie jeden Tag ein bißchen Ritual zu sich nehmen, bei dem die Umgebung keine Rolle spielt. Als ich an diesem Morgen die Kirche verließ, war es draußen immer noch schwarz, aber ein Café in der Gasse hinter der Kirche war hell. Sie hätten eigentlich noch nicht geöffnet, sagte der Padrone, aber die Kaffeemaschine lief schon, und das heiße Milchzischen, Milch und Dampf in die große braune Tasse, war einer der wollüstigsten Laute, die ich je gehört habe.

Ich saß lang in dem kleinen Café, das sich allmählich füllte, alle hielten wie ich beide Hände um ihre Tasse gewölbt, um sich zu wärmen. Das Licht erschien allmählich, es begann bei der Piazzetta, und die Farben der Basilika gingen nacheinander an wie Lampen. Zu diesem Zeitpunkt hatte ich mir den Fußboden der Kirche noch nicht angesehen, das kam erst ein paar Tage später und löste eine ganz andere Art von Gefühlen aus, eine Bewunderung vor dieser wahnsinnigen und perfekten Zwecklosigkeit, dieser Auflösung der Welt in die Liebe zur Geometrie. Von Goedel, Escher und Bach hatte ich noch nichts gehört, und in den Tricks der genarrten oder befreiten Blicke kannte ich mich noch nicht aus.

Mir ist dieser steigende und fallende, von Wellen bewegte Boden noch immer ein Rätsel, in jedem seiner unzähligen Rechtecke kann man sich verlieren wie in einem Rebus oder einer Logarithmentafel, und ich habe den Schmerz des Nichtwissens selten so deutlich gespürt wie bei meinen Wanderungen durch diesen steingewordenen Garten der Mathematik. Natürlich muß man Geduld mitbringen, bis es einem gelungen ist, die vertrackten Gevierte ohne bewußtlos drübertrampelnde Füße anzuschauen. Man wird feststellen, daß manche Muster einfach ins Nichts führen, in eine unauslotbare Tiefe, als täten sich winzige Abgründe im Boden der Basilika auf und verschluckten ihre Entdecker. Andere werfen Netze über die Augen, die sich einbrennen wie ein zu helles Bild, man sieht die Muster noch lange, nachdem man die Kirche verlassen hat. Wieder andere erscheinen ganz harmlos, aber man darf sich nicht täuschen lassen. Die Materialien sind »thasischer, ophtischer und lakonischer Marmor in Würfelform«, so jedenfalls schreibt es der wackere Thomas Coryate in seinem Buch über Venedig 1608, in dem das meistgebrauchte Wort »schön« heißt. Alles ist »schön« für den begeisterungsfähigen Reisenden, wer wollte ihm da widersprechen? Auch die vier berühmten Bronzepferde, die – angeblich von Lysippus gegossen und 1206 vom Dogen nach Venedig gebracht – das circusartige der Basilika nicht gerade vermindern, findet er »schön«. Ganz im Gegensatz zu Kühne, der sie »dumm aussehend« schimpft. Das aber trifft eigentlich auf meinen geliebten Clarence zu, der durch seinen entschlossen törichten Blick wie das einzig wirklich verläßliche Wesen in der ganzen, großen, bunten Mummenschanzkirche wirkt. Es ist bekömmlicher, zu ihm hinauf als auf den diabolischen Boden zu schauen.

Mit Goethe

Venedig ist ein großer Fisch, seit Jahrhunderten schnauft er Seelen ein und spuckt Poesie aus. Merkwürdigerweise um so bereitwilliger, seit es den Ablaß aus dem Jahr 1786, September, gibt: »Von Venedig ist alles gesagt und gedruckt, was man sagen kann, darum nur weniges, wie es mir entgegenkommt.« Obwohl es dann doch einige schöne Seiten an Frau von Stein werden, steht der kleine Vorsatz in allen Venedigbüchern und -anthologien, und zwar durchaus mit dem Unterton, nun könne man richtig loslegen, eben, wie es einem entgegenkommt.

Venedig heckt Gedichte, gute und schlechte, zu allen Zeiten hat das bißchen Boden, das die Stadt aufweist, eine gute Grundlage für Dichterei abgegeben. »Viel, viel wollen wir darüber schwätzen«, schreibt Goethe, und das haben die Dichter getan, in gebundener Sprache besonders gern. Sein Reisetagebuch ist eine sehr aufmunternde Lektüre, wenn es einem mit der Inbrunst und der Melancholie zu viel wird. Wie man in die Welt gukken soll, hatte er im gleichen Jahr ein bißchen weiter nördlich wunderschön formuliert: »Wie glücklich mich meine Art die Welt anzusehn macht ist unsäglich, und was ich täglich lerne! Und wie mir doch fast keine Existenz ein Räthsel ist. Es spricht eben alles zu mir und zeigt sich mir an. Und da ich ohne Diener bin, bin ich mit der ganzen Welt Freund. Jeder Bettler weist mich zu rechte und ich rede mit den Leuten, die mir begegnen, als wenn wir uns lange kennten. Es ist mir eine rechte Lust.«

Das sind bekömmliche Wörter, denn wir stellen allmählich fest, daß einem der Aufenthalt in Venedig mit vielen Worten schön und deutlich gemacht wird, daß aber der Abschied, ohne den die Stadt nicht denkbar, dessen Metapher sie geradezu ist, mit Schweigen bedacht wird. Da werden die Dichter etwas wortkarg. Seltsamerweise kann man ähnliches an den Stellen sehen, von denen aus alle die Stadt verlassen, Käsebiers, die Japaner, die Dichter und wir – es ist ein großes Schweigen zu beobachten, nichts von der verlegenen Geschwätzigkeit, die sonst bei Abschieden ausbricht. Paare wenden sich voneinander ab, Familien versuchen, Abstand zu bekommen, selbst Reisegruppen zerfallen im allerletzten möglichen Moment zu melancholischen Individuen.

Woran liegt es, daß Goethes Erlaubnis, das ganz Eigene, was Venedig betrifft, nur mutig hinzuschreiben, so vielfach und gewiß auch von Leuten, die von dieser Schreiberlaubnis keine Ahnung haben, aufgenommen wird, daß aber seine muntere Neugier: Nur weiter! irgendwie versagt? Weiter? Wohin, wenn man hier gewesen ist? Was soll danach noch kommen? Und so haben die meisten Abschiedswörter für Venedig das Wiederkommen vorsichtshalber eingebaut.

Am Landesteg zum Flughafenboot stehen Hunderte, mit tragischen Gesichtern, nagelneue Versöhnungen platzen sichtbar ab wie Gips, und die alte Langeweile kommt drunter zum Vorschein. Der Steg ist lang und schmal, das Gepäck macht sich breit, weil wie immer jeder der erste auf dem Boot sein möchte, obwohl keiner weg will. Ähnliche Bilder sieht man am Bahnhof. Aus dieser Stadt kann man sich ja nicht so einfach davonmachen, man ist unter Kontrolle. Der Abschied von Venedig ist das einsamste Kollektiverlebnis der Welt. Abgesehen von ein paar kanadischen Rucksäcklern, die wahrscheinlich den Himmel selbst ungerührt schwätzend verließen, weil sie ihn auf ihrer lebenslangen Durchreise nicht erkannt haben, ist alles still. Es hilft auch nicht, an Heines schönes Wort zu denken, daß es nichts Langweiligeres auf dieser Erde gibt, als die Lektüre »italiänischer Reisebeschreibungen«, was doch heißen könnte, daß auch »italiänische« Reisen langweilig seien – es hilft nichts. Man wird pathetisch, so gut man kann, zumal von den Cafés, diesen teuflischen Orten, pünktlich bei Erscheinen des abholenden Bootes die Markusplatzversion von *Monday, Monday* erklingt. Wie sagt Otto Julius Bierbaum? »Alles mit Ausnahme des Wassers ist Kunst.« Das ist, bezogen auf die Stadt, die wir gleich verlassen, sicher wahr, aber er kann mit dem Wasser nicht die Fässer voll Tränen meinen, die da vergossen werden! Wenn sie *Love story* spielen, ist es noch schlimmer, und die wenigen Zyniker, natürlich männlichen Geschlechts, schauen bedeutungsvoll zu den aufgestapelten Hochwasserbrettern, die für den schlimmsten Fall daliegen.

»... der Venetianer mußte eine neue Art von Geschöpf werden und so auch Venedig nur mit sich selbst verglichen werden kann. Wie dem grosen Canal wohl keine Strase in der Welt sich vergleichen kann; so kann dem Raume vor dem Markus Platz wohl auch nichts an die Seite gesetzt werden. Den grosen Spiegel Wasser meyn ich der an der einen Seite von dem eigentlichen Venedig im halben Mond umfaßt ist ...«

Ja, das hatten wir doch alle gespürt, und nun muß man heim, weg auch von dem anderen halben Mond, der sich in der Nacht zuvor zu allem Überfluß über dem Campanile gezeigt hatte, und flugs wird man wieder zum alten Geschöpf werden. Oder bleibt gewandelt, wer je hier war?

Man möchte es glauben und hat gar kein Recht, sich selber für den einzigen Menschen zu halten, der sich so bereitwillig und völlig dieser Stadt ergeben hat – Bibliotheken künden davon, daß es leider nicht so ist! Und so herablassend wie Ludwig Curtius will man nicht sein, der über die Touristen schreibt. »Denn wenn sich diese Leute auch etwas merkwürdig gebärden, so dringt doch ein Schimmer in ihre dumpfen Seelen ein, und keiner kann berechnen, was da in ihren Kindern einmal herauskommt.« Man kümmert sich besser um die eigene Seele, die nun, da zum zehnten- oder fünfzehntenmal geschieden sein muß, sich sehr dumpf anfühlt. Die meisten letzten Tage verbringe ich mit Vaporettofahren. Das sanfte Rums! wenn er anlegt, und die schönen Namen der Stationen, *Zattere* und *San Moisé* zum Beispiel, sie heißen alle so sehnsuchterweckend. Die Leute im Vaporetto grüßen sich, aha, denkt die Abschiedskranke: Die kennen sich alle. Die dürfen hier wohnen und immer auf die *Ca d'Oro* schauen, auf den glattgeleckten Palazzo Grassi, wo es immer so schöne Ausstellungen gibt, und auf die gammeligen Häuser, zu denen sie Schlüssel haben.

»Wenn ich an Venedig denke, ist mir, wie wenn ich schöne Musik gehört, ein gutes Buch gelesen oder mit einem lieben Menschen gesprochen hätte.« Wie brav ist der Anselm Feuerbach. Mir ist in den letzten Tagen in Venedig, in jenen vielen letzten Tagen, die ich hier schon verbracht habe, immer mit der ängstlichen Hoffnung auf das Wiederkommen oder dem halbgaren Plan, das Alter dichtend in einem Palazzo zu verbringen, als wären mir wieder die eigentlichen Geheimnisse vorenthalten worden, als lauere hinter den byzantinischen Fenstern noch eine ungelebte Liebesgeschichte auf mich oder ein Verbrechen aus Leidenschaft.

Mir ist, als hätte ich das großartigste und versteckteste Bild, das nur mich meint, immer noch nicht gefunden – und vielleicht habe ich sachte wieder angefangen, das Versinken der Stadt zu befürchten, oder das eigene, bevor sie ganz ausgekostet ist.

Man ist immer wieder erstaunt, wie haltbar ein Abschiedspathos ist, sogar das infernalische Geschepper des Wasserbusses hält es aus und empfindet es als Melodie.

»Werd ich je die Giudecca wiedersehn?« fragt sich Ezra Pound. Der Venezianer, eine andere Art Mensch! Wie oft wird man kommen müssen, um eines Tages mit schöner Gleichgültigkeit über die ganze bröckelige Pracht wegschauen zu können? Und immer weiter geht es mit dem Boot, hinüber und herüber, und zum letztenmal, vorläufig, bin ich »ein Mitherr des Adriatischen Meeres, wie jeder Venezianer sich fühlt, wenn er sich in seine Gondel legt«. In dieser Zeit hat Goethe an seiner *Iphigenie* gearbeitet und erhoffte sich »das mittägige Clima« für ein Stück. Ja, das begreift man, wenn man hier ist, das »mittägige Clima« – und sei es mitten in der Nacht. Der Mittag der Kultur, als die Sonne am höchsten stand, und sie scheint noch immer im Salon der Welt. So wollen wir das bißchen Schmerz ertragen, ohne den es ja kein Wiederkommen gäbe, immer wie zum erstenmal: die Unveränderliche. »Ich verlaße Venedig gern. Um mit Vergnügen und Nutzen hier zu bleiben, müßt ich andre Schritte tun, die ausser meinem Plan liegen. Auch ist jetzt die Zeit, da alles die Stadt verläßt. Ich trage das sonderbare, einzige Bild mit mir fort und so vieles andre.«

Und was spielen sie diesmal, damit jeder für sich allein die Fassung verliert? *An der schönen blauen Donau.*

Rom, die Ewige Stadt

Wo fuhr Ingeborg Bachmann gern Fahrrad, was inspirierte Alberto Moravia zu seinem ersten Roman? Fünfzehn Spaziergänge auf den Spuren von Schriftstellern führen durch die Ewige Stadt. Der Leser sieht antike Skulpturen, berühmte Plätze und Gemälde, aber auch versteckte Brunnen und Paläste mit den Augen der Literaten und Dichter. Geschichte wird lebendig in Geschichten von Päpsten, Partys und der Bar am Pantheon. Ebenfalls mit dem Buch zu entdecken: Tatort Rom und Cinecittà.

Birgit Haustedt, Rom. Ein Reisebegleiter. Mit farbigen Fotografien und Stadtplänen. insel taschenbuch 3338. 331 Seiten

NF 117/1/1.12

NF 119/1/1.12

NF 120/1/1.12

Ein literarischer Spaziergang durch die Kulturmetropole Spaniens

Andreas Drouve führt den Leser auf den Spuren der großen Literaten und Künstler durch die spanische Hauptstadt und lädt zu Entdeckungen auch außerhalb der touristischen Pfade ein. Stadtplanauszüge und ein umfangreicher Serviceteil machen diesen Band zu einem unentbehrlichen Begleiter im Reisegepäck.

Andreas Drouve, Madrid. Ein Reisebegleiter. Mit Stadtplanauszügen und farbigen Fotografien. insel taschenbuch 3661. 249 Seiten

NF 115/1/1.12

Eine Liebeserklärung an Spanien

Jedes Jahr im Juli landet Cees Nooteboom auf den Balearen – und bringt von dort Geschichten mit, über die Insel und über das Land. Er erzählt von Don Miguel, dem 87 Jahre alten Postboten, von einem Mädchen namens »Schnee« und einem anderen, das »Liebe« heißt. Er betrachtet das Land und dessen Menschen mit Zuneigung, wissend, dass er nur ein Passant ist, einer aber, der sagen kann: »Ich liebe Spanien«.

»Wer Nooteboom liest, wird erleuchtet.« *Ulrich Greiner, Die Zeit*

Cees Nooteboom, Die Insel, das Land. Geschichten über Spanien. Aus dem Niederländischen von Helga von Beuningen. insel taschenbuch 4024. 115 Seiten

NF 118/1/1.12

NF 176/1/04.13

NF 130/1/2.12

Orte des Glücks

Inseln sind Orte des Glücks. Capri, Sylt, Jamaika, Island, Kreta, Lanzarote oder die Taka-Tuka-Insel: Bei über hunderttausend Inseln ist es nicht immer leicht, die eigene zu finden. Die in diesem Band versammelten Autorinnen und Autoren haben »ihre« Insel gefunden: Julio Cortázar, Eva Demski, Robert Gernhardt, Judith Hermann, Patricia Highsmith, Wladimir Kaminer, Cees Nooteboom, Robert Walser und viele andere.

Reif für die Insel. Insel-Geschichten
Herausgegeben von Susanne Gretter. insel taschenbuch 4007.
162 Seiten

NF 158/1/9.12

Augenblicke, die die Welt verändern

Sternstunden der Menschheit – das sind für Stefan Zweig historische Augenblicke, die die Zukunft der Welt bestimmen. In seinen vierzehn Miniaturen erzählt er von Seefahrern und Abenteurern, Genies und Eroberern, Entdeckern und Kriegshelden und beschreibt jene großen Momente, die bis heute ihre unverwechselbaren Spuren in der Geschichte der Menschheit hinterlassen haben.

Stefan Zweig, Sternstunden der Menschheit.
Vierzehn historische Miniaturen. insel taschenbuch 4202.
300 Seiten

NF 159/1/9.12